The Biblical Storytelling • 느헤미야 · 말라기

회복을 기다리는 사람

회복을 기다리는 사람들

2008년 7월 25일 초판 1쇄 인쇄
2008년 7월 30일 초판 1쇄 발행

저 자 • 조 관 호
발행인 • 조 경 혜
발행처 • 도서출판 그리심
156-763 서울시 동작구 사당5동 196 인정 B-B01

등록번호 • 제 7-258호(1998. 4. 23)
출 판 사 • 전화 523-7589 팩스 523-7590
홈페이지 • http://grisim.biz
전자우편 • grisimcho@hanmail.net

• 저자와 협의하여 검인을 생략함.

값 : 표지 뒷면에

ISBN 978-89-5799-207-4 93230

회복을 기다리는 사람

조 관 호

서울신학대학과 감리교 신학대학신학대학원,
아세아연합신학대학원에서 공부하고
육군 군목으로 사역하는 동안 전방 부대에서 2년,
군병원에서 3년을 사역했다.
군 제대 후 도미하여 California에 있는
Azusa Pacific University 대학원에서 공부한 후
Kentucky에 소재한 남침례교신학교(The Southern Baptist Theological Seminary)에서
The Biblical Storytelling Bible Study Methodology로
목회학 박사 학위를 받고
현재는 LA 근교 은혜로교회(Grace Road Church) 담임 목사로 섬기고 있다.

논문과 저서로는,
논문 : Developing A Biblical Storytelling Bible Model For The Sunday School Teachers
저서 : Biblical Storytelling Series :
● 은혜로 사는 사람들(룻기) ● 영웅으로 살았던 사람들1,2(사사기)
● 하나님 나라의 맥을 이어가는 사람들(삼상1) ● 훈련 받는 사람(삼상2)
● 홀로 서는 사람(삼상2) ● 정상으로 올라가는 사람(삼하1)
● 참 예쁜 사람(에스더)
● 성전 건축하는 사람들(에스라, 학개, 스가랴)

저자 이메일 – khmycho@hanmail.net

그리심

느헤미야와 말라기 이야기는

같은 시대에 산 구약 성경의 마지막 인물
느헤미야와 말라기의 이야기입니다.

두 분 모두 마음이 아팠답니다.
하나님의 백성들이 살아야 할 성이 무너진 지 오래되었기 때문입니다.
100년이 훨씬 지났는데도 누구 하나 나서는 사람이 없었기 때문이지요.
느헤미야가 마음먹고 사람들을 설득해서 성을 재건하였답니다.
방해꾼이 해도 해도 너무한 방해를 하기에 힘들었습니다.
지도자들이 뒤로 호박씨 까는 행위를 했기에 마음이 아팠습니다.
백성들이 겉과 속이 달랐기에 마음이 아팠답니다.
하나님 섬기기를 동네 강아지 조롱하듯 하기에 마음이 아픈 겁니다.

돌과 나무로 성을 쌓았지만
마음을 다시 쌓는 것이 중요한 것을 알았습니다.
그런데 인간은 스스로 자기 마음도 통제 못하는
아주 바보 같고 무능력한 존재라는 걸 알고는
하나님이 하셔야 겠다는 생각으로
하나님을 향한 기대로 충만했답니다.

그래서 책의 제목을
회복을 기다리는 사람들이라고 했답니다.

contents

느헤미야 말라기
contents

네 번째 이야기(느 13장 - 말 4 장)

4 죄인과 하나님의 계획

느헤미야 말라기

contents

비블리컬 스토리텔링

(The Biblical Storytelling)에 대해...

Ⅰ. Biblical Storytelling과 Storytelling은 어떻게 다른가?

설교학에서 말하는 Storytelling은 설교의 전달에 대한 기법(技法)을 말합니다. 오래 전부터 알려진 내러티브(Narrative) 설교 방식과 비슷한 기법입니다. Storytelling 설교 기법을 설명하면서 예수님의 설교 방식이 이야기식이었다는 것을 증명하려고 합니다. 그러면서 오늘날의 설교자도 예수님처럼 이야기식 설교를 할 때 설교 전달에 효과가 있다고 소개를 하는 겁니다. 성경의 이야기들이 독특한 언어를 사용하여 기록되었기에 설교에도 효과적인 전달을 위해 성경이 노력한 것과 같은 노력을 기울일 때 전하고 싶은 내용이 잘 전달된다는 것을 말하는 거지요. 전하고 싶은 내용을 위해 성경은 비유를 사용했고 시(詩)나 잠언, 연설, 기도, 역사,

전기(傳記) 등과 같은 것을 도입한 것처럼, 설교도 전달하고 싶은 것을 효과적으로 전달하기 위해 그런 방법을 도입해야 한다는 걸 말합니다.

Storytelling 기법 설교자로 잘 알려진 유진 로우리(Eugene Lowry)가 강조하는 것이 그런 의미입니다. 다른 말로 하면 전달하고 싶은 것을 드라마처럼 혹은 상상을 가져오도록 설교를 구성하라는 거지요.

Storytelling 기법의 설교는 미국의 유명한 소설가인 존 그래샴(John Gresham)이라고 하는 분의 기법을 탁월한 기법으로 많이 소개합니다. 그의 이야기는 전하고 싶은 이야기를 평범하게 시작하면 충분히 전달이 되지 않으니 놀람(Surprise)으로 시작한다고 합니다. 서론을 평범하게 하고 나면 이미 시작부터 결론을 상상하기 때문에 식상하다는 거지요. 또한 이야기 중간에 긴장을 조성하는 편집을 잘해야 한다는 겁니다. 그러다가 결론에 가서는 간단하게 하되 적어도 5분을 넘기지 않는 것이 효과적인 이야기가 될 것이라는 가르침입니다. 그래샴의 그러한 기법이 설교에 도입이 되면 설교 전달에 매우 효과적일 거라는 거지요.

필자가 말하는 Biblical Storytelling은 전달 기법을 말하는 Storytelling과 다릅니다. Biblical Storytelling은 전달 기법이 아니라 내

용을 말하는 겁니다. 내용이란 성경을 말합니다. 성경을 통해서 설교하는 것, 성경의 이야기만을 말하는 걸 Biblical Storytelling 설교라고 하는 겁니다. 설교자가 하고 싶은 이야기(주제나 제목)를 정해 놓았다 하더라도 성경 속에 있는 이야기를 통해 그 목적을 이루는 걸 말합니다. 탕자의 비유에 관한 본문을 가지고 설교할 때 그 본문만 가지고 이야기를 만드는 겁니다. 아버지의 심정, 아들들의 심정, 계획, 떨어진 부자(父子)의 서로 다른 생각들, 돌아온 아들에 대한 아버지의 갈등... 이러한 것에 집중적으로 생각을 투자하는 겁니다. 그러기 위해서는 수많은 성경 신학적 연구가 필요합니다. 당시의 습관, 지리적 배경, 가정 윤리, 제도와 같은 것들입니다. 거기에 성경에 등장하는 인물들의 심리를 파헤치는 거지요. 그것을 잘 전달하는 걸 Biblical Storytelling 설교라고 하는 겁니다.

Biblical Storytelling 설교에는 본문을 돕기 위해 다른 이야기를 도입하긴 합니다만 그 빌려온 이야기조차도 오직 성경 속에 있는 이야기로 한다는 겁니다. 현재 생존해 있는 사람의 이야기를 가지고 설교의 한 예로 들면서 설교를 돕지 않습니다. 읽은 소설이나 잡지에서 얻은 아이디어를 가지고 설교를 돕도록 하지 않습니다. 훌륭한 성현들의 글귀를 통해 설교에 도움을 받지 않습니다. 설교를 더욱 권위 있게 만들고 도울 수 있으며 능력 있게 하는 것에는 성경만한 것이 없기 때문입니다. 오래 전 어른들은 이런 것을 성경으로 성경을 푼다는 말로 표현하시곤 했던 겁니다.

II. Biblical Storytelling 설교를 하게 된 이유들

필자가 Biblical Storytelling을 하게 된 동기가 있습니다. 필자는 목사 안수를 받고 육군 군목으로 사역을 시작하였었습니다. 20대 중반의 젊은 목사가 패기 하나로 군인 교회 담임을 맡게 되었는데 내용이 준비되어 있지 않았던 겁니다. 그 내용은 설교라는 거였습니다. 선배 목사님들이 하시는 설교에는 비평도 하고 불평을 하던 제가 현실 속에서 설교를 해야 할 때는 엄청난 스트레스를 받았던 겁니다. 주일이 왜 그렇게도 빨리 오는지 숨쉴 틈 없이 설교 준비를 해야 했던 거지요. 물론 주일만 설교하는 것이 아니었습니다. 수요 예배는 물론 목사가 가는 곳에서는 설교를 해야 했던 겁니다. 그 때를 고백하면 부끄럽지만 설교집을 베낄 수밖에 없었습니다.

설교를 베끼면서도 의문점들이 많았습니다. 설교집마다 제가 알지도 못하는 훌륭한 사람들의 금언이나 저서들이 소개되어 있었고 기가 막힌 예화들이 나를 놀라게 했던 거지요. 그러면서 가진 의문이

'과연 목사님들이 이런 분들을 알고 있는 걸까 혹은 소개하는 책들을 정말 읽고 그 가운데 좋은 금언을 뽑아내신 걸까? 사용하는 예화는 어떻게 얻어낸 걸까?' 하는 궁금함들이었던 겁니다. 그러면서 목회자로서의 자신감이 사라지곤 했지요.

설교를 해야 하는 사람으로서 설교 내용도 무척이나 고민이 되었지만 내용을 생각하기 이전부터 고민은 엄청 났습니다. '본문은 어떤 걸로 할까? 본문이 결정되면 제목은 어떻게 해야 하는가?' 하는 것들이었지요. 고민 끝에 기껏 결정한 설교들은 이미 익숙해져 있는 것들에 국한되고 있었던 겁니다. 다시 말하면 성경을 지독하게도 모르는 자신을 발견한 겁니다. (그렇게 두꺼운 성경인데도 설교할 게 없다는 게 한심하게 보였던 거지요.) 설교를 하면서도 제대로 하는 건지도 모르고 했습니다. 그야말로 멋진(?) 설교를 만들어 청중들의 잘한다(?)는 평가의 소리에 관심이 있었던 겁니다.

그런 시간들을 보내는 가운데 자신을 향한 양심선언을 한 겁니다. '난 성경을 모르는 사람이다!' 라고 말입니다. 그러고는 성경을 읽고 연구하기 시작했습니다. 그러다 보니 주석이 필요했고 성경학자들이 만들어 놓은 업적들의 고귀함을 알기 시작한 겁니다. 그 때부터 성경이 알아지기 시작한 겁니다. 성경의 이야기 하나하나가 나를 이야기 하는 거였습니다. 성경을 읽으면서 내 자신이 한 꺼풀 한 꺼풀 벗겨지는 거였답니다. 모든 문제들이 성경 속에 기록되어 있었고 해결의 방법까지도 있었던 겁니다. 그렇게 발견한 것들을 강단에서 소개한 거지요. 소위 설교한 겁니다. '어떻게 무엇을 설교할까? 어떤 본문을 가지고 어떤 제목으로 설교해야 하는가?' 하는 고민은 아침 안개가 바람에 사라지는 것처럼 사라졌습니다. 오직 깨달아 재미있는 내용(이야기)을 알리고 싶은 마음으로 흥분되었던 겁니다. 읽고 발견한 것들만 전해도 나 자신은 물론 청중들도 무척이나 흥미 있어 했고 소위 말하는 은혜를 받는 거였죠. 그 때부터 설교를 그렇게 하기 시작한 겁니다. 여타 책을 뒤적거려야 한다는 부담으로부터 자유롭기 시작했습니다. 훌륭한 인물의 잠언을 인용해야 한다는 부담도 사라졌습니다. 유명한 책과 저자를 말해야 한다는 것으로부터도 자유함을 누린 겁니다. 어떤 책도, 어떤 훌륭한 인물도, 어떤 금언과 잠언 경구도, 어떤 역사 이야기도 성경만한 것이 없다는 것을 깨달은 겁니다. 그러한 것들은 설교자인 나의 괜찮음(?)을 보여주는 건지는 모르지만 성경의 권위와는 비교할 수 없는 것들이라는 걸 깨달은 것이지요. 다른 이야기를 말하는 것보다는 성경 이야기를 말하는 것이 사람을 변화시키는 최고의 능력임을 발견한 겁니다.

Ⅲ. 어떻게 하는 것이 Biblical Storytelling 설교인가?

말이 거창해서 그렇지 Biblical Storytelling 설교를 하는 방법은 특이한 것도 새로운 것도 아닙니다. 설교하는 사람이라면 이미 하고 있는 것이라 생각이 듭니다. 그러나 필자의 설교와 글을 이런 제목으로 명명하는 데는 몇 가지 기준이 있습니다.

첫째는 설교자가 청중들에게 전하려고 목적한 것을 이루기 위한 수단들로 성경의 이야기를 최대한으로 사용한다는 겁니다. 주제 설교를 하더라도 그 주제를 풀어가는 자료들이 성경 전체 속에 있는 이야기들이라는 겁니다. 강해 설교를 하더라도 세상에서 일어나는 일들을 가지고 하고자 하는 강해의 이해를 돕는 것이 아니라 성경 속의 이야기들을 가지고 풀어가는 겁니다.

둘째는 성경 본문에 대한 깊은 연구가 필요합니다. 본문 배경을 제대로 모르고 성경을 이야기 하면 본문 이야기와는 상관없는, 엉뚱함에도 불구하고 훌륭한 교훈(?)이 만들어 질 수가 있지요. 설교자는 훌륭한 이야기나 괜찮은 교훈을 만들어 내는 사람이 아니라 바른 교훈, 다시 말하면 하나님이 성경을 통해 말씀하시고 싶은 것을 제대로 전하는 사람이기 때문입니다. 그러므로 충실한 주석과 학자들의 도움을 받아야 하는 겁니다.

셋째는 성경의 이야기 주인공이 설교자 자신으로 하면서 읽고 연구하는 겁니다. 청중을 주인공으로 하면서 성경을 보면 옳고 그름을 분별하는 것에 관심이 갑니다. 그러나 자신을 주인공으로 하면 이해를 만들어 가면서 해석하게 됩니다. 다시 말하면 자기를 변호하기 위해 많은 생각을 하게 되지요. 예를 들면, 노아가 홍수 후에 술을 먹고 추태를 부린

내용이 청중 중심으로 보면 술 먹지 말라는 쪽으로 생각이 기울어집니다만 나 자신의 중심으로 보면 말동무 하나 없이 지루하고 적막한 시간들을 보내는 고독으로 말미암았겠구나 하는 이해 쪽으로의 생각이 된다는 겁니다. 로마서를 설교할 때도 내가 로마서를 쓰는 사람이고 반면에 내가 바울로부터 로마서 편지를 받아 읽는 사람이 되어야 한다는 것이지요.

넷째는 본문 전체를 말해야 한다는 겁니다. 선택한 본문에는 한 목적만 있는 것이 아닙니다. 설교자는 한 목적을 선택했을지 모르지만 성경을 기록한 성령께서는 다양한 목적을 심어 놓으셨습니다. 그러므로 설교자의 목적 설교보다는 성령의 역사를 기대한다는 목적으로 선택한 본문을 구석구석 말하는 겁니다. 예를 들면, 다윗이 아버지 이새의 심부름으로 골리앗과 대치하고 있는 전쟁터의 형들을 찾아간 이야기를 본문으로 한다고 합시다. 그 본문에는 수많은 장면들이 있습니다. 형들에게 꾸지람 받는 다윗의 모습, 반면에 꾸지람하는 형들의 마음, 대드는 동생, 떠드는 골리앗... 하여간 몇 자 안되는 이야기이지만 묘한 감정들이 포함되어 있는 겁니다. 그 본문을 읽을 때 어떤 이는 다윗을 생각하고 있고 어떤 이는 형들 입장에서 읽는다는 겁니다. 어떤 이는 형제끼리 다투는 건지 의를 나누는 건지를 보고 있는 겁니다. 설교자가 목표한 것과는 다른 마음으로 성경 본문을 읽고 있는 청중들이기에 전체를 설명하고 말해야 하는 거지요. 이 말은 설교자 (사심의) 의도 없이 성경을 말하자는 말입니다.

다섯 번째는 본문은 물론 성경을 기록한 하나님의 마음을 헤아리면서 교훈을 찾는 겁니다. 하나님의 마음을 헤아리면서 성경을 보면 은혜가 됩니다. 감사가 흘러나옵니다. 감동 때문이지요. 그리고 나의 삶이 변한답니다. 의지에 의한 변화도 있겠습니다만 감동에 의해서 저절로 변화되어지는 거지요.

Ⅳ. 나가는 말

설교자에게 가장 중요한 것은 성경입니다. 성경을 잘 말해야 합니다. 성경을 정확하게 말해야 합니다. 그런데 잘 말하고 잘 이해시키려고 너무 대단한 것들을 끌어 오다가 성경보다 다른 것에 더 관심을 갖게 하는 우를 범할 수 있다는 거지요. 또한 설교자에게 다른 이야기를 말해야 하는 것이 당연한 것처럼 인식되다가 설교자들로 하여금 거짓말하게 하는 유혹을 받게 될 수도 있다는 겁니다. 또한 다른 말을 기가 막히게 해야 실력 있는 목사 취급 받게 된다는 이상한 생각(?)을 하게 한다는 거지요. 사실 실력 있는 설교자는 성경을 기억하게 하는 사람인데 말입니다. Biblical Storytelling 설교는 설교자는 물론이요 청중들, 그리고 교회 속에서 성경의 가치를 회복시키려는 몸부림이랍니다.

서 문

느헤미야는 소위 말하는 팔레스타인 (이스라엘) 땅을 가보지 못한 사람일 것입니다. 할아버지와 아버지는 그 곳에 살았을 수도 있었겠지만, 느헤미야는 조국이라는 그 땅에 대해서 귀로만 들었을 뿐이므로 애착이 있을 리가 없었을 거라는 생각이지요. 태어난 곳, 자라고 배운 환경이 모두 페르시아(바사) 땅이었으니까요. 그런데도 그는 애국자였답니다.

느헤미야서를 이해하기 위해서 당시의 인간관계 정황을 좀 생각해 보아야 할 필요가 있습니다. 그래야 이야기가 이해되거든요. 우선은 에스더 왕비를 이해해야 합니다. 에스더는 느헤미야서의 배경인 페르시아의 아닥사스다 왕을 양육한 사람입니다. (물론 친모는 아닙니다.) 그러니 아닥사스다 왕은 어머니인 에스더의 영향을 많이 받았을 것이 분명하지요. 게다가 에스더 왕비의 사촌 오빠인 모르드개가 페르시아 제국의 총리로서 행정부의 수장이었던 겁니다. 모르드개 총리는 왕자 아닥사스다가 왕이 될 것을 알고 남다른 친분을 가지고 지켜보고 교육을 했을 것이 분명

합니다.

에스더와 모르드개는 아닥사스다 왕에게 대단한 영향을 끼친 사람들이었지요. 그 무엇보다 유일신인 여호와 하나님에 대한 영향이었을 겁니다. 또 하나의 영향은 이스라엘 사람들에 대한 호의감을 갖게 했을 것이라는 생각입니다. 그 결과 아닥사스다는 왕으로 등극을 하자마자 에스라라고 하는 제사장을 이스라엘 땅 예루살렘으로 보내는 일을 하였지요. 에스라는 아닥사스다 왕의 둘도 없는 친구였을 가능성이 많구요. 오죽했으면 아닥사스다 왕이 에스라에게 제사장이라고 인정을 했고 더욱이 그에게 학사라는 최고의 칭호를 주었겠습니까.

이번엔 느헤미야라는 사람 문제입니다. 그는 페르시아 아닥사스다 왕이 가장 신뢰하는 자리인 술 맡은 사람이었다는 것이 흥미롭습니다. 당시 제국의 왕은 늘 암살 위험에 노출이 되어 있었기에 누구도 믿지를 못했는데, 독극물 암살 가능성이 가장 많은 술을 유대 사람인 느헤미야가 맡은 겁니다. 아마도 총리급 직책이었음이 분명합니다. 이 자리는 술에 독이 들어갔는지에 대한 진위를 판별하는 자리가 아닐 겁니다. 왕과 속을 내놓고 이야기하는 자리였을 것이고, 어느 경우에는 왕 홀로 고민하는 국사를 사심 없이 나누어야 하는 자리였을 겁니다.

느헤미야가 아닥사스다 왕의 최측근에 있을 수 있었던 배경을 상상하는 건 어렵지 않습니다. 예루살렘에 가 있던 에스라와의 친분이 느헤미야로 하여금 왕 가까이 머무를 수 있는 동기가 아니었겠나 하는 거지요. 게다가 에스더와 모르드개가 거들었을 수도 있었을 겁니다. 하여간 느헤미야는 천하의 페르시아 왕을 가장 가까이서 모신 사람이었다는 겁니다.

어쨌거나 느헤미야는 페르시아 땅에서 성공한 사람이었습니다. 권력으로도 성공했습니다. 경제적으로도 성공한 사람입니다. 부러울 것이 없는 사람이었습니다. 그러나 그는 성공을 섬김의 도구로 바꾸었답니다. 민족을 향한 섬김으로 자신의 모든 것을 쏟은 사람이랍니다.

우리 시대에 이민자들이 많습니다. 세계에서 가장 강국이라고 하는 미국을 비롯하여 남미와 유럽, 동남아시아, 중국, 러시아, 아프리카 등 온 세계에 한국 사람이 살지 않는 곳이 없습니다. 그냥 살지 않습니다. 열심히 부지런히 산답니다. 그래서 많은 사람들이 정치적인 힘을 가지고 있고, 경제적인 힘도 가지고 있답니다. 지식의 힘, 정보의 힘도 가지고 있지요. 아마도 이민 역사 속에 한국 사람 만큼 성공한 민족도 그렇게 많지 않을 거라는 생각이 듭니다. 더욱 흥분되는 것은 흩어진 우리 민족의 이민자들은 대부분 그리스도인이라는 거지요.

이민 가서 성공한 사람도 있습니다. 그러나 이민자의 자녀로 이국(異國) 땅에서 태어나 2세 혹은 3세로 성공한 사람도 있습니다. 그런데 이젠 성공을 향해 달려가는 걸 멈추고 조국을 생각해야 하지 않을까 하는 마음이 듭니다. 우리 민족은 세계 속에 분단의 부끄러움을 가지고 있는 유일한 민족입니다. 정치적인 싸움이 지나친 민족입니다. 경제가 많이 성장했다고 하지만 가진 사람들의 횡포로 인해 만들어진 부유함일 뿐입니다. 선진국에 들어섰다고 하면서도 여전히 무속 신앙에 빠져 허황된 것을 따르는 민족입니다.

이민자들이 느헤미야 같은 사람이 되어야 합니다. 북미와 남미에서, 동유럽과 서유럽에서, 중국을 비롯한 아시아에서, 러시아 큰 땅에서, 아프리카에서 살고 있는 한국의 그리스도인들이 느헤미야처럼 민족을 위해 울고 기도하고 온 힘으로 민족 살리기 위해 나서야 하는 겁니다. 민족이 철없이 죄악을 문화라고 말할 때 울고 가슴 아파하며 기도해야 합니다. 민족이 우상을 숭배하고 지옥도 모른 채 지옥의 길로 가고 있을 것을 생각하면서 통곡해야 합니다.

느헤미야는 이스라엘 사람들이 사는 성에 성벽이 무너진 채로 있었기에 그것이 가슴 아팠습니다. 그래서 민족의 성을 위해 잠을 자지 않고 일을 합니다. 온 물질을 다 헌신하면서 성 세우기에 앞장을 섭니다. 모든 방해와 음모도 이겨냅니다. 그런데 성벽을 쌓는 것보다 더 중요한 것이 있었습니다. 마음의 벽, 생명의 벽을 쌓는 거였습니다. 영혼 회복되는 것이 더욱 중요하였던 겁니다. 그래서 그는 하나님 말씀으로 백성들을 세우기 위해 미친 사람처럼 뛰었습니다. 그것이 아니면 돌과 나무로 만든 삶의 터전은 오히려 죄를 짓게 하는 요소에 불과하기 때문이었던 거지요. 말라기도 그것 때문에 목숨을 바쳐 설교했던 거지요.

우리 민족이 회복되기 위해서는 무너진 도로를 다시 세우는 게 아닙니다. 무너진 집을 다시 짓는 것도 아닙니다. 정신을 다시 세워야 합니다. 그리스도의 이름과 하나님의 말씀으로 영혼이 다시 세워져야 합니다. 그 다시 세움은 교회입니다. 교회가 다시 서야 합니다. 목회자들이 너무도 타락했습니다. 정신 차리고 회개하고 바른 목회를 해야 합니다. 평신도 지도자라고 하는 위치에 있는 사람들이 너무도 잘못되었습니다. 회개해야 합니다. 그리고 진정 섬기는 사람으로 다시 세워져야 합니다. 교인들도 마찬가지입니다. 그렇지 않으면 우리 모두는 나라를 망치는 장본인일 뿐입니다. 책임이 교회에 있기 때문입니다.

희망이 있습니다. 사람에겐 희망이 전혀 없고, 하나님께만 있는 겁니다. 느헤미야와 말라기 시대에 전혀 희망이 없는 사람들의 문제를 해결하기 위해 하나님이 그 아들 예수 그리스도를 보내셨지요. 지금도 희망이 전혀 없는 시대입니다. 정말 그렀습니다. 목회자에게도 교회 지도자들에게도 평신도들에게도 희망이 없습니다! 그렇기에 하나님이 그 아들, 죽음에서 부활하시고 승리하신 그분 예수를 다시 보내셔야 하는 겁니다. 그걸 기다리는 것이 성도의 유일한 희망인 거지요.

그 분이 재림 하시는 희망뿐입니다. 그렇지 않고는 문제가 풀어질 수 없잖아요.

캘리포니아 계곡, 바람 많은 마을에서

조 관 호 목사

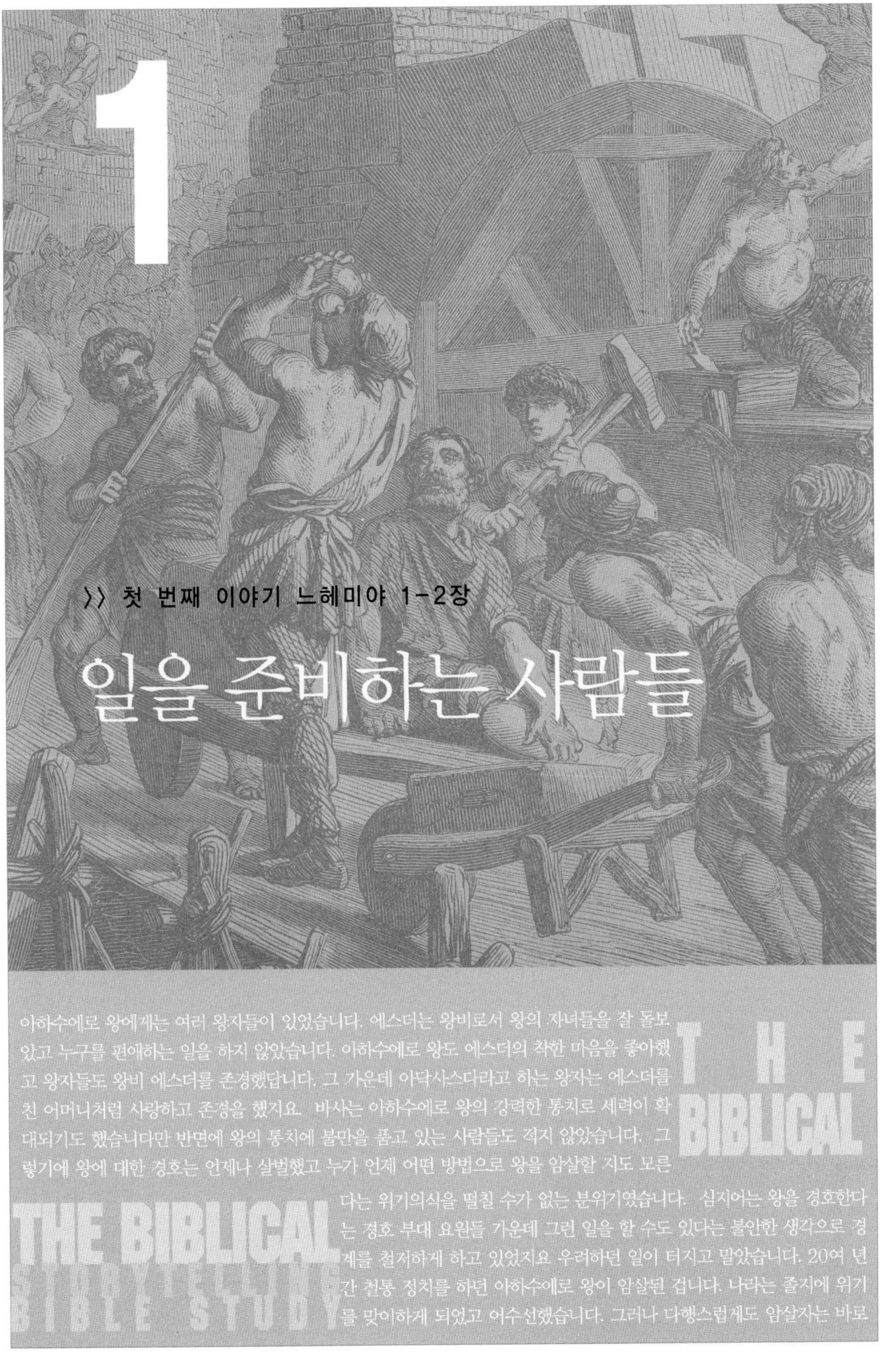

1

〉〉 첫 번째 이야기 느헤미야 1-2장

일을 준비하는 사람들

아하수에로 왕에게는 여러 왕자들이 있었습니다. 에스더는 왕비로서 왕의 자녀들을 잘 돌보았고 누구를 편애하는 일을 하지 않았습니다. 아하수에로 왕도 에스더의 착한 마음을 좋아했고 왕자들도 왕비 에스더를 존경했답니다. 그 가운데 아닥사스다라고 하는 왕자는 에스더를 친 어머니처럼 사랑하고 존경을 했지요. 바사는 아하수에로 왕의 강력한 통치로 세력이 확대되기도 했습니다만 반면에 왕의 통치에 불만을 품고 있는 사람들도 적지 않았습니다. 그렇기에 왕에 대한 경호는 언제나 살벌했고 누가 언제 어떤 방법으로 왕을 암살할 지도 모른다는 위기의식을 떨칠 수가 없는 분위기였습니다. 심지어는 왕을 경호한다는 경호 부대 요원들 가운데 그런 일을 할 수도 있다는 불안한 생각으로 경계를 철저하게 하고 있었지요 우려하던 일이 터지고 말았습니다. 20여 년간 철통 정치를 하던 아하수에로 왕이 암살된 겁니다. 나라는 졸지에 위기를 맞이하게 되었고 어수선했습니다. 그러나 다행스럽게도 암살자는 바로

❶ 느 1:1-3

거룩한 아픔

아하수에로 왕에게는 여러 왕자들이 있었습니다. 에스더는 왕비로서 왕의 자녀들을 잘 돌보았고 누구를 편애하는 일을 하지 않았습니다. 아하수에로 왕도 에스더의 착한 마음을 좋아했고 왕자들도 왕비 에스더를 존경했답니다. 그 가운데 아닥사스다라고 하는 왕자는 에스더를 친 어머니처럼 사랑하고 존경을 했지요.

바사는 아하수에로 왕의 강력한 통치로 세력이 확대되기도 했습니다만 반면에 왕의 통치에 불만을 품고 있는 사람들도 적지 않았습니다. 그렇기에 왕에 대한 경호는 언제나 살벌했고, 누가 언제 어떤 방법으로 왕을 암살할 지도 모른다는 위기의식을 떨칠 수가 없는 분위기였습니다. 심지어는 왕을 경호한다는 경호 부대 요원들 가운데 그런 일을 할 수도 있다는 불안한 생각으로 경계를 철저하게 하고 있었지요.

우려하던 일이 터지고 말았습니다. 20여 년간 철권정치를 하던 아하수에로 왕이 암살된 겁니다. 나라는 졸지에 위기를 맞게 되었고 어수선했습니다. 그러나 다행스럽게도 암살자는 바로 체포되었고, 권력의 중심부에 있는 사람들은 발 빠르게 문제를 수습함과 동시에 아닥사스다(롱기마우스)를 아하수에로 왕의 뒤를 잇는 후계자로 세웠습니다. 바사 제국은 왕이 암살되었음에도 불구하고 큰 위기를 잘 넘긴 겁니다.

아하수에로 왕의 뒤를 이어 바사의 왕이 된 아닥사스다는 누구보다도 왕비 에스더의 영향을 많이 받고 자란 사람이었습니다. 게다가 에스더의 사촌 오빠이자 제국의 총리였던 모르드개와도 남다른 관계를 맺고 있었습니다. 더군다나 에스더와 모르드개의 영향으로 인해 유다인들과의 관계가 좋았고 유다인들을 이해했으며 유다인들 가운데 좋은 친구를 많이 두었답니다. 그는 유다 사람들처럼 하나님을 섬기는 신앙인이었구요.

아닥사스다 왕은 유다인 가운데 에스라를 무척이나 존경하고 있었습니다. 자신에게 여호와 신앙에 대하여 많은 영향을 끼친 사람이기도 했지만 그의 진실함과 지혜로움이 왕을 항상 감동시키고 있었지요. 늘 옆에 두고 교제를 하고 싶었습니다만 에스라 제사장의 간곡한 부탁을 더 이상 거절할 수가 없어서 결국은 그의 소원대로 예루살렘으로 돌아가도록 허락을 했지요. 자신이 왕이 된 지 7년에 있었던 일입니다.

에스라의 예루살렘 귀환은 아닥사스다에게 많은 아쉬움을 남겨놓았습니다. 한쪽 날개를 잃은 것과 같은 허전함이었답니다. 그 허전함을 또 다른 한 유다인이 메우고 있었는데 그가 느헤미야였습니다. 에스라와는 달리 제사장도 아니고 학자도 아니었습니다만 그는 에스라 못지않게 신앙심이 깊었고 진실했으며 믿을 만한 사람이었답니다.

느헤미야의 아버지는 하가랴라고 하는 사람이었습니다. 느헤미야는 조상들이 바사에 살던 때로부터 포도를 재배하여 그것으로 포도주를 만드는 일을 해왔다고 들었고, 자신도 아버지가 물려준 포도주 만드는 기술을 가지고 생업을 이어가고 있었지요. 그 집안의 포도주는 바사 제국 최상질의 포도주로 정평이 나있을 정도였으니까요.

아닥사스다 왕은 가까운 사이였던 느헤미야에게 왕궁에서 일하도록 관직을 주더니 급기야는 총리라는 관직을 하사했습니다. 아하수에로 왕 때는 모르드개가 총리로서 세상을 움직이더니 아닥사스다 왕 때는 느헤미야라는 유다인이 다시금 총리가 되어 세상을 움직이게 된 겁니다. 물론 그의 실력과 신임이 그만했기에 총리로 임명되긴 했지만 바벨론 제국 때부터 지금까지 유다인의 활약이 끊어지지 않고 있는 것에 대하여 세상을 놀라게 하기에 충분했던 것이지요. 하여간 총리가 된 느헤미야의 주된 임무는 왕 옆에서 신변을 보호하는 겁니다. 특히 왕이 술을 마실 때는 반드시 옆에 있어야 하는 친밀한 관계였습니다. 왕이 마시는 술의 가치를 가늠하는 역할을 하기 위해서이기도 하지만 혹시 모를 술의 독성 여부를 가려야 했기 때문이지요. 그런 저런 일로 왕과 느헤미야는 깊은 이야기까지 나눌 수 있는 친밀한 관계를 유지하고 있었습니다.

『그 때에 내가 왕의 술 관원이 되었었느니라』(1:11하)

아닥사스다 왕은 오래 전에 유다로 돌아간 제사장 겸 학사 에스라와 유다 땅에 대하여 관심이 많았습니다. 누군가가 유다 예루살렘에 다녀왔다고 하면 에스라의 형편과 예루살렘의 형편을 물으면서 궁금함을 풀곤 했답니다. 늘 왕 옆에 있던 느헤미야도 왕 덕분에 예루살렘 소식을 자주 듣곤 했지요.

아닥사스다가 바사의 왕이 된 지 20년 되었을 해(B.C. 445년)였습니다. 좀 더 정확하게 말하자면 기슬르 월(11-12월)이었답니다. 느헤미야는 늘 그랬던 것처럼 바사의 수산 성 왕궁에 머물고 있었습니다. 왕은 몇 사람이 예루살렘에 다녀왔다는 소리를 듣고는 그들을 불러 에스라 제사장에 대한 소식을 자세히 듣고 있었지요. 그 가운데는 느헤미야의 동생인 하나니도 있었답니다.

왕과의 대면을 마친 후 하나니가 형님인 느헤미야와 그간의 이야기를 나누었습니다. 긴 여행이었기에 오랫동안 만나지 못하다가 만났기에 무척 반가웠답니다. 느헤미야는 왕실에서 왕과 담소하던 때 잠깐 들었던 이야기가 마음에 걸려 다시 물었습니다.

"동생, 먼 길 다녀오느라 수고가 많았네. 조금 전 전하께 예루살렘의 형편에 대하여 보고하는 소리를 들었네만 내 궁금함이 있어 자세히 듣고 싶은 게 있구려. 예루살렘은 대체 형편이 어떤가? 전하께 보고하지 못한 일들이 있을 것아닌가 말일세."

"형님, 이번 여행을 통해 저도 느낀 것이 많이 있습니다. 에스라 제사장께서 하나님의 말씀으로 백성들에게 많은 용기를 주고 또 신앙 정착을 위해 애쓰셔서 백성들은 많이 안정되어 살고 있습니다만 그저 그냥 삶을 연명할 뿐 성(城)은 여전히 파괴된 채로 있었습니다. 바벨론이 예루살렘을 공격할 때 예루살렘 성을 완전히 불태우고 무너뜨렸다는 소릴 들었었는데 100년이 훨씬 넘었음에도 불구하고 파괴된 채 그대로 있고 불에 그슬린 것들도 그대로 있더이다. 말이 예루살렘이 회복되었다는 것이지 폐허였어요. 폐허! 성(城)은 무슨 성인지... 문짝 하나 제대로 된 것이 없어요."

『나의 한 형제 중 하나니가 두어 사람과 함께 유다에서 이르렀기로 내가 그 사로잡힘을 면하고 남아 있는 유다 사람과 예루살렘 형편을 물은즉 저희가 내게 이르되 사로잡힘을 면하고 남은 자가 그 도에서 큰 환난을 만나고 능욕을 받으며 예루살렘 성은 훼파되고 성문들은 소화되었다 하는지라』(1:2-3)

하나니와 느헤미야 형제에게 아픔이 있습니다.
하나님 백성들이 살고 있는 곳이
여전히 무너진 채로 있다는 겁니다.
불에 그슬린 모습 그대로, 공격받아 무너진 그대로
문짝도 없이 그냥 그대로 살고 있답니다.
그래서 하나니와 느헤미야는 마음이 아픈 겁니다.

총리라면 얼마나 편한 생활을 하고 있었겠는지요.
총리의 동생이라면 얼마나 부유한 생활을 하고 있었겠는지요.
그런데 자신들의 몸은 편했는지 모르지만
저들의 마음은 아팠답니다.
고향 땅의 형제들이 살고 있는 모습 때문이었습니다.

형제의 모습을 보면서 아파하는 아픔을 거룩한 아픔이라고 합니다.
조국의 아픔을 보면서 괴로워하는 것을
거룩한 아픔이라고 하는 겁니다.
이웃 교회의 아픔을 보면서 힘들어 하는 것을
거룩한 아픔이라고 하는 거지요.
우린 거룩한 아픔을 가지고 있는지요?

하늘의 왕자 예수님은 인생들을 보시면서 마음이 아프셨답니다.

하나님의 형상으로 만들어진 인생들이
파괴되고 무너지고 불에 타서 폐허 같은 모습이었거든요.
그걸 보신 예수님,
마음 아프셨습니다.
거룩한 아픔으로 견딜 수가 없으셨는지
육신의 몸을 입고 이 땅에 오셔서
사람들과 같이 사셨지요.
그걸 성육신(Incarnation)이라고 하는 겁니다.
무너진 인생들을 다시 세우시려고 말입니다.

"이보게나 동생, 내가 아닥사스다 왕에게 청하여 예루살렘에 다녀옴세. 예루살렘 성이 아직까지 파괴된 모습 그대로라면 누군가가 재건을 해야 하지 않겠나? 내 오래 전부터 조국을 위해 무엇을 해야 하는지 기도하면서 생각하던 바라 이제 무슨 일을 해야 할지를 알 것 같구먼. 하나님께서 나를 이 제국의 총리로 세우신 이유가 무너진 예루살렘 성을 재건하도록 하시기 위함인 줄 누가 알겠는가? 이전에 에스더를 왕비로 세우실 때도 민족을 구원하시기 위해 미리 준비하셨던 것처럼, 지금 나를 바사 제국의 신임을 받는 총리로 세우신 것도 분명 뜻이 있음일세. 내 예루살렘 성을 재건하는 것이 하나님의 뜻인 줄 알고 왕에게 나가 예루살렘에 다녀옴을 청해보겠다는 것일세."

"예, 형님. 그렇게 하시죠. 저도 형님의 뜻에 대찬성입니다. 저도 기도하겠구요!"

❷ 느 1:4–11

아픔을 기도로 바꾸는 사람

느헤미야와 하나니는 예루살렘을 생각하면서 의미 있는 대화를 나누었습니다만 느헤미야는 결국 울음을 참지 못했지요. 예루살렘 성이 백여 년 전 그대로라는 말에 아픈 가슴을 삭이지 못했던 겁니다.

"하나님, 이 사람의 마음이 무척이나 아픕니다. 음식을 먹을 수가 없고 잠을 잘 수가 없을 만큼 마음이 아픕니다. 하늘의 하나님이시며 당신의 계명을 지키는 자에게 언약을 지키시고 긍휼을 베푸시는 당신께 이스라엘을 위하여 밤낮 간구하나이다. 우리의 죄악을 용서하시옵소서. 나는 물론이고 나의 조상들이 하나님께 범죄한 것들을 사하여 주시옵소서. 당신이 주신 계명들을 지키지 않았음을 고백하며, 알면서도 곁길로 갔음을 용서하시옵소서. 전에 모세를 통하여 주신 말씀 중에 범죄하면 우리를 열국으로 흩으실 것이라는 말씀을 기억하나이다. 그러나 아무리 먼 곳에 있다 하더라도 당신의 계명을 지키면 다시 당신이 약속하신 거룩한 곳으로 모을 것이라고 하셨음을 당신도 아실 줄 아나이다. 이제 그 약속의 말씀을 기억하시옵소서. 이스라엘 백성은 오래 전에 당신의 큰 권능과 강한 손으로 구원하신 백성이 아니나이까? 그러하오니 종의 기도에 귀를 기울이시옵소서. 당신 경외하기를 기뻐하는 이 사람의 기도를 들으시옵소서, 하나님이여 이제 이 사람이 바사의 왕 아닥사스다 앞에 나아가 예루살렘 성을 재건하려는 허가를 받으려 하오니 왕의 마음을 움직여 주시옵소서."

『내가 이 말을 듣고 앉아서 울고 수일 동안 슬퍼하며 하늘의 하나님 앞에 금식하며 기도하여 가로되 하늘의 하나님 여호와 크고 두려우신 하나님이여 주를 사랑하고 주의 계명을 지키는 자에게 언약을 지키시며 긍휼을 베푸시는 주여 간구하나이다 이제 종이 주의 종 이스라엘 자손을 위하여 주야로 기도하오며 이스라엘 자손의 주 앞에 범죄함을 자복하오니 주는 귀를 기울이시며 눈을 여시사 종의 기도를 들으시옵소서 나와 나의 아비 집이 범죄하여 주를 향하여 심히 악을 행하여 주의 종 모세에게 주께서 명하신 계명과 율례와 규례를 지키지 아니하였나이다 옛적에 주께서 주의 종 모세에게 명하여 가라사대 만일 너희가 범죄하면 내가 너희를 열국 중에 흩을 것이요 만일 내게로 돌아와서 내 계명을 지켜 행하면 너희 쫓긴 자가 하늘 끝에 있을지라도 내가 거기서부터 모아 내 이름을 두려고 택한 곳에 돌아오게 하리라 하신 말씀을 이제 청컨대 기억하옵소서 이들은 주께서 일찍 큰 권능과 강한 손으로 구속하신 주의 종이요 주의 백성이니이다 주여 구하오니 귀를 기울이사 종의 기도와 주의 이름을 경외하기를 기뻐하는 종들의 기도를 들으시고 오늘날 종으로 형통하여 이 사람 앞에서 은혜를 입게 하옵소서 하였나니」(1:4-11상)

아픔을 기도로 바꾸는 사람이 능력 있는 신앙인입니다.
느헤미야는 자신의 아픔을 속상함으로 남겨 둔 것이 아니라
기도로 바꾼 사람이지요.
있는 문제를 가지고 속상해 하면 마음만 상한답니다.
그러나 문제가 있다고 하나님께 말하면
그건 기도가 되는 겁니다.
그렇게 하고 나면 하나님에 대한 신뢰 때문에
마음에 평안이 생기지요!
문제는 있기 마련, 가슴 아픈 소식도 있기 마련입니다.
그런 것들을 생각하다가 생각을 하나님께로 돌리세요.
그리고 말하세요.
문제가 있다고...

사람 마음 움직여 달라고 기도하세요.
생각을 하나님께서 조정해 달라고 하는 겁니다.
느헤미야가 하나님께 바사 제국의 왕의 마음을
움직여 달라고 한 것처럼.

무슨 일이든지 마음먹기에 따라 해석이 달라지고
내일과 역사가 바뀌는 거랍니다.
내가 하는 일이 하나님 기뻐하시는 일이라면
오늘 만날 사람의 마음을 바꿔 달라고 하나님께 기도하자구요!

무슨 일을 하기 전에 기도하는 것이 최우선이랍니다.
하나님께 보고하고 하자는 것이구요,
하나님의 허락과 인도하심을 기대하는 거지요.
기도할 때 바르게 해야 하는 것도 잊지 말자구요.
무슨 내용을 기도하고 있는지,
어떻게 응답되길 바라는지,
무슨 일을 할 것인지를 자세히 말하는 것이 기도랍니다.
하나님께서 알아듣게 기도하자는 말이에요!
성경에 소개된 모든 기도는
우리가 읽어도 무슨 내용인지를 알잖아요.
그런데 우린 신령하다는 「이상한 용어」를 빌미삼아
무슨 소리를 하는지 알아듣지 못하는 기도를
너무 자연스럽게 한답니다.
어떤 사람은 영적인 기도라서 영적이지 않은 사람은
알아듣지 못한다는 협박(?)까지 한다지요.
신령한 기도는 하나님도 사람도 무슨 기도를 하는지
알아듣는 기도입니다!

❸ 느 2:1-10

하나님이 움직이는 역사

하나니가 예루살렘을 다녀 온 후 왕에게 보고하고 느헤미야에게 예루살렘의 형편을 진지하게 말을 하니 느헤미야는 예루살렘에 돌아가 무너진 채로 있는 성을 재건해야겠다는 생각을 하였습니다. 물론 생각만 한 것이 아니라 하나님께 도움을 구하는 기도를 하고 있었지요. 어떻게 하면 예루살렘으로 가서 성벽을 다시 재건할 수 있을까 하는 것에만 온통 마음을 쏟고 있었답니다. 다른 일은 손에 잡히지도 않을 뿐더러 왕에게 허락을 받아야 하는 일이기에 마음이 무척이나 무거웠답니다. 벌써 그런 고민을 한 지 넉 달 이상이 지나고 있었기에 느헤미야의 몸은 수척해 있었습니다. 그러나 몸이 수척한 것은 숨길 수 있었지만 얼굴에 나타나는 근심의 표정은 감출 수가 없었지요. 게다가 왕을 대하는 태도가 자연스럽지가 않기에 아닥사스다 왕도 느헤미야에게 무슨 걱정이 있다는 걸 눈치 채고 있었답니다.

“느헤미야 총리, 짐이 한 가지만 묻겠소이다.”

마침 왕 앞에 술을 가지고 들어온 차에 왕이 말을 건 겁니다.

“예, 전하 말씀하시옵소서.”

“총리께서 어느 때나 얼굴이 밝고 평안하시곤 했는데 얼마 전부터 보니 얼굴에 수색이 있소이다. 짐의 생각이 틀리지 않다면 분명 말 못할 고민이 있는 것 같은데... 병은 아닌 것 같고... 무슨 근심이 있는지 말해 보시구려. 짐도 함께 나눠 보십시다.”

느헤미야는 자신의 속마음이 드러난 것 같아서 무척이나 미안하기도 했고, 왕을 모시는 사람이 왕에게 편한 모습으로 보이질 않아 걱정이 되기도 했지요. 행여나 임금의 마음을 불편하게 한 것을 죄로 여겨 벌을 받게 되는 것이 아닌가 하는 두려움도 스쳐 지나갔답니다.

『아닥사스다 왕 이십 년 니산 월에 왕의 앞에 술이 있기로 내가 들어 왕에게 드렸는데 이전에는 내가 왕의 앞에서 수색이 없었더니 왕이 내게 이르시되 네가 병이 없거늘 어찌하여 얼굴에 수색이 있느냐 이는 필연 네 마음에 근심이 있음이로다 그 때에 내가 크게 두려워하여』(2:1-2)

느헤미야의 기도는 며칠 한 기도가 아닙니다.
기약 없이 계속한 기도입니다.
하나님께서 자연스러운 환경을 만들어 주실 때까지
묵묵히 기도를 계속한 것이지요.

기도하면서 내 생각을 하나님이 주셨다고 속단하면 안 됩니다.
아무리 급해도 기도의 양이 찰 때까진
계속 기도를 해야 하는 겁니다.
하나님의 응답은 아주 자연스럽게 만들어 지는 경우가
대부분이랍니다.
하나님이 역사하신 것인지 아닌지를 구분하기 어려울 정도지요.
그러나 기도의 응답으로 이루어지는 환경은
아주 자연스럽고 누구도 거부할 수 없는 환경이 되는 거랍니다.
이런 일이 일어날 때 하나님을 모르는 사람들은 이렇게 말합니다.
"참 이상하다고..."
그러나 기도한 사람은 말합니다.
"하나님이 일하신다고."

"전하, 만세수를 하시옵소서. 전하는 참으로 위대하신 분이시옵니다. 신(臣)이 전하 앞에서 근심의 얼굴을 보여드려 송구하옵니다. 전하께 무엇을 속일 수가 있사오리이까? 신(臣)의 얼굴에 수심이 있는 것은 신의 조상들이 살던 예루살렘 성읍이 폐허가 된 채로 황무할 뿐만 아니라 성의 문은 불에 탄 채로 있다 하오니 어찌 신(臣)의 얼굴에 수심이 없겠나이까? 신

(臣)의 마음을 헤아려 주시옵소서."

느헤미야는 왕에게 자신이 고민하고 있는 문제를 솔직하게 털어 놓았습니다.

"총리께서 그런 문제로 그리 고민하고 계셨습니까? 그렇다면 짐이 총리를 도와 드려야지요. 어떻게 하면 총리께서 마음에 두신 일을 짐이 도울 수 있는지 말씀해 보시구려."

느헤미야는 아닥사스다 왕의 갑작스런 질문에 무슨 말을 어떻게 해야 할지 혼란스러웠습니다. 너무 갑작스런 일이었기 때문이었지요. 당장 대답을 해야 했습니다. 왕 앞에서 고개를 숙인 채 마음을 집중하여 하나님을 찾았습니다. 왕도 신하들도 느헤미야가 무엇을 하는지 몰랐습니다만, 느헤미야는 하나님께 짧은 기도를 드렸답니다.

"하나님이시여, 지금 지혜를 주십시오. 지금 내 입술을 주장하시옵소서. 그래서 왕으로 하여금 나를 예루살렘으로 갈 수 있게 하시고 성을 재건하는 일을 허락하게 하소서!"

짧은 기도였고 소리 없는 기도였습니다. 그리고는 왕 앞에서 입을 열었습니다.

"전하, 전하께서 기뻐하신다면, 신(臣)이 전하께 은혜를 입고 있다면 신(臣)을 신(臣)의 조상들의 묘실이 있는 유다 땅으로 보내 주시옵소서. 그

성이 훼파된 채로 있기에 신(臣)이 가서 다시 세우고 돌아오길 원하나이다."

그 자리에는 아닥사스다 왕의 왕비도 함께 있었던 차였습니다. 왕비는 느헤미야의 간청하는 말을 들으면서 아닥사스다 왕을 바라보며 '어렵지 않은 일이잖냐'는 표정으로 느헤미야의 청을 허락하도록 왕에게 눈치하는 것 같았습니다.

"총리께서 그런 일로 그리도 마음고생을 하고 계셨소? 그야 어려운 일은 아닙니다만 총리께서 이 제국을 위해 하시는 일이 워낙 중대한 일들이라 오래 가 계시는 것은 짐에게도 부담이 되는구려. 그러니 얼마나 다녀오려는지 말하면 참작하도록 하겠소이다. 언제 출발해서 언제 돌아올 수 있겠소?"

"전하의 은혜가 하늘과 같사옵니다. 제가 맡은 총리 일이 막중하기에 이곳을 오래 비울 수가 없으니 가능한 한 빠른 시간에 다녀오려 하나이다. 그러기 위해서는 서편을 관할하는 총독들의 협조가 필요하나이다. 하오니 서쪽 관할 총독들에게 전하의 조서를 내리시어 신(臣)으로 하여금 이곳에서 유다까지 가는 길을 형통케 해 주시기를 바라옵니다. 게다가 예루살렘 성을 재건하는 일을 위하여 우선 필요한 것이 있다면 예루살렘 성 건축을 감독하는 동안 신(臣)이 머물 처소를 마련해 주시옵기를 바라며, 제국의 삼림 감독인 아삽에게 명하시어 예루살렘 성 재건을 위해 필요한 재목들을 공급하도록 명하여 주시옵소서. 그리해 주신다면 예루살렘 성을 재건하는 일을 쉬 마칠 수 있을 뿐 아니라 신(臣)이 조속히 전하 곁으로 돌아와 전하를 모실 수 있을 것이옵니다."

느헤미야는 왕에게 요구하고 있는 것이 수월한 것들이 아님을 알고 있었습니다만 지금 아니면 기회가 없다는 걸 알고 믿음으로 소상하게 말을 하였습니다. 그러나 한편으로는 마음에 부담이 되기도 했지요.

느헤미야의 말을 들은 아닥사스다 왕은 슬그머니 웃으면서 대답했습니다.

"총리께서 아주 많은 걸 요구하시는구려. 허나 총리께서 짐의 옆에 없으면 국정이 문제가 되기에 얼른 일을 마치고 돌아오라는 의미로 모든 걸 지원해 드리겠소. 그러니 어서 일정을 잡고 계획해서 일을 추진하구려. 총리의 얼굴에 환한 모습이 다시 돌아와야 나라가 잘될 것이 아니겠소!"

"전하, 승은(承恩)이 망극하옵나이다."

느헤미야는 아닥사스다 왕에게 감사의 인사를 드리고 왕실을 빠져나왔습니다. 그리고는 하나님께 감사했답니다.

『왕께 대답하되 왕은 만세수를 하옵소서 나의 열조의 묘실 있는 성읍이 이제까지 황무하고 성문이 소화되었사오니 내가 어찌 얼굴에 수색이 없사오리이까 왕이 내게 이르시되 그러면 네가 무엇을 원하느냐 하시기로 내가 곧 하늘

❹ 느 2:11-16

마음의 열정을 실천으로

느헤미야의 예루살렘 도착은 예루살렘을 술렁이게 하였습니다. 왕의 군대 장관이 직접 호위를 한 것은 물론 왕의 기병들의 보호를 받으며 바사 제국의 총리가 방문을 한 것이기 때문이었습니다. 유다의 총독과 관리들은 총리 느헤미야를 극진하게 모셨습니다. 여행길이 멀었기에 피곤한 몸도 회복을 해야 했고, 예루살렘의 정황도 보고를 받아야 했었습니다. 도착하자마자 3일간 공식 업무를 대충 마쳤지요.

느헤미야의 마음은 얼른 예루살렘 성을 돌아보고 싶었습니다. 지난날 동생 하나니가 예루살렘의 황폐함을 알려 주었기에 안타까운 마음이 더했지요. 밤에 잠이 오지를 않았습니다. 예루살렘 성벽 형편이 궁금해서였습니다. 아니 하나님께서 예루살렘 성곽을 돌아보라고 하시는 게 아닌가 하는 생각이 들었습니다. 낮에 성곽을 돌면 총리의 움직임이기에 여러 사람들이 이상하게 생각할 것 같기도 하고 또 소란스러울 것 같다는 생각이 들었지요.

시종 두 사람을 데리고 예루살렘 성을 둘러보기로 했습니다. 어두운 거리였지만 희미한 달빛과 별빛으로 인해 앞을 분간하는 것은 어렵지 않았습니다. 밤이 깊었기에 그런지 성은 조용했습니다. 사람도 전혀 보이지를 않았습니다. 물론 짐승들도 없었구요. 단지 느헤미야와 그의 시종 두 사람 그리고 그들이 탄 말들 이외에는 아무런 움직임이 없었답니다.

예루살렘 성벽을 도는 것은 쉽지 않았습니다. 길이 멀어서가 아닙니다. 성벽이었던 돌들이 무너진 채로 그대로 있었고 깨어진 문짝들도 그대로였으며 여기 저기 불에 타 무너진 것 등으로 인해 말조차도 다니기가 쉽지 않았기 때문입니다. 더군다나 샘문과 왕의 못이 있는 곳은 다른 곳보다 더욱 무너짐이 심해 도무지 지나갈 수가 없었습니다. 결국은 다른 길로 돌아서 가야 했습니다. 오랜 시간 동안 성벽을 한 바퀴 돌았습니다. 골짜기 문에서 시작하여 다시 골짜기 문까지 돌아온 겁니다.

느헤미야 총독이 밤에 나갔다가 온 것을 아는 사람은 아무도 없었습니다. 함께 바사에서 온 사람들조차 피곤해서였는지 총독의 움직임을 눈치채지 못했던 것이지요. 물론 느헤미야는 다음 날 일어나서도 누구에게도 말하지 않았답니다.

『내가 예루살렘에 이르러 거한 지 삼일에 내 하나님이 내 마음을 감화하사 예루살렘을 위하여 행하게 하신 일을 내가 아무 사람에게도 말하지 아니하고 밤에 일어나 두어 사람과 함께 나갈 새 내가 탄 짐승 외에는 다른 짐승이 없더라 그 밤에 골짜기 문으로 나가서 용정으로 분문에 이르는 동안에 보니 예루살렘 성벽이 다 무너졌고 성문은 소화되었더라 앞으로 행하여 샘문과 왕의 못에 이르러는 탄 짐승이 지나갈 곳이 없는지라 그 밤에 시내를 좇아 올라가서 성벽을 살펴 본 후에 돌이켜 골짜기 문으로 들어와서 돌아왔으나 방백들은 내가 어디 갔었으며 무엇을 하였는지 알지 못하였고 나도 그 일을 유다 사람들에게나 제사장들에게나 귀인들에게나 방백들에게나 그 외에 일하는 자들에게 고하지 아니하다가』(2:11-16)

하나님의 영에 의해 감동된 마음으로 일해야 합니다.
그렇지 않으면 짜증이 생기기도 하고 불평이 생기기도 하지요.
또한 일이 잘되면 교만해 진답니다.
그러나 하나님의 감동에 따라 일하면
할 일과 하지 말아야 할 일을 구분하는 지혜가 생기기도 하고
누구에게 말하고 누구에겐 말하면 안 되는 것도
구분하게 된답니다.
또한 언제 말해야 하는지도 구분하게 되구요.

5 느 2:17-20
조롱받지 말아야 할 것 아닙니까!

예루살렘에 살고 있는 이스라엘 사람들을 모았습니다. 그리고는 진지하게 말을 시작했습니다.

"동포 여러분, 여러분이나 나나 한 족속입니다. 우리 조상이 당한 곤경을 우리는 모두 알고 있습니다. 여러분은 이곳으로 이주해 온 후로 계속 그 곤경을 보면서 살아 온 것이고 나는 이제 와서 그 곤경을 확인한 겁니다. 우리의 성(城)인 예루살렘이 황무한 것은 물론 성문은 불에 탄 모습 그대로입니다. 이제 우린 다시 성을 중건해야 합니다. 우리가 사는 데는 지장이 없을지 모릅니다. 그러나 주변의 족속들이 우리를 조롱하고 있는 겁니다. 하나님의 백성들이라는 우리가 성(城) 하나 제대로 중건하지 못한 채

100년 이상을 이렇게 살고 있는 것을 조롱하는 겁니다. 이젠 그만 조롱 받아야 합니다. 성을 다시 중건하여 다른 민족에게 수치를 받지 말아야 하는 겁니다."

느헤미야의 말을 듣고 있던 사람들은 모두가 가슴이 뭉클했습니다. 사실 처음 예루살렘에 왔을 때는 무너진 성벽으로 인해 속이 상하기도 했고 분하기도 했었는데, 세월이 지나면서 먹고사는 일에 바쁘다 보니 성벽이 무너진 것도 성의 문이 불에 탄 채로 있는 것도 별로 불편하게 느껴지지 않은 겁니다. 주변의 족속들이 조롱하기도 했지만 하도 많이 들으니 그것도 그러려니 하게 되었던 겁니다. 그런데 제국의 총독인 느헤미야가 먼 길을 달려와 유대민족의 성읍을 다시 건축하자고 설득하고 있는 것이었죠. 사람들은 가슴이 뜨거워지기 시작했답니다.

"동포 여러분, 내가 이곳까지 온 것에는 하나님의 선하신 손이 함께 하셨습니다. 나의 동생 하나니가 예루살렘을 방문하고 돌아와 이곳의 형편을 상세하게 말해 주었고 나는 그 후에 내가 바사 제국의 총리가 된 것은 지금 여러분들을 도와 예루살렘 성을 중건하기 위함이라는 확신을 갖게 되었죠. 그 후에 오랫동안 하나님께 이 일을 위하여 기도하였습니다. 그러던 차에 제국의 아닥사스다 왕을 만나고 그 자리에서 예루살렘 중건의 계획을 소상히 말씀을 드렸고, 허락을 받은 것입니다. 왕은 나에게 이곳까지 올 수 있는 통행권을 주었고 군대 장관을 비롯한 마병까지 내어 주면서 호위하게 했습니다. 또한 내가 이곳에서 성을 중건하는 동안 머물 집까지 내어 주었으며 성 중건을 위한 자재들까지 내려 주었습니다. 이제 모든 것을 준비시켜 주신 하나님께 감사하며 나와 함께 예루살렘 성을 다시 세웁시다!"

『후에 저희에게 이르기를 우리의 당한 곤경은 너희도 목도하는 바라 예루살렘이 황무하고 성문이 소화되었으니 자, 예루살렘 성을 중건하여 다시 수치를 받지 말자 하고 또 저희에게 하나님의 선한 손이 나를 도우신 일과 왕이 내게 이른 말씀을 고하였더니 저희의 말이 일어나 건축하자 하고 모두 힘을 내어 이 선한 일을 하려 하매』(2:17-18)

우리의 현실이 얼마나 비참한지를 알고 있어야 합니다.
무너진 현실, 타버린 현실, 조롱받고 있는 현실을 알아야 합니다.
그리고 무너지고 타버렸고 조롱받고 있음을 인정해야 합니다.
그래야 다시 세울 수가 있는 겁니다.
지금까지 사는 데 아무런 문제없는데
왜 새삼스럽게 일을 만드냐구요?
아닙니다. 지금까지가 잘못된 거였습니다.
잘못된 것이 너무 오래 계속되다 보니 굳어져서
불편이 없는 것처럼 되어 버린 것뿐입니다.
이젠 제대로 세워야 하는 겁니다.
우리 인생,
무너진 그대로 살지 마세요.
타버린 추한 모습 그대로 살지 마세요.
조롱 받으면서도 그러려니 하면서 살지 말자구요.

다시 세워야 합니다.

처음처럼 멋지게 만들어야 하는 겁니다.

느헤미야의 말을 들은 사람들은 소리를 지르며 환영했습니다. 여기저기서 느헤미야의 말에 화답을 하고 있었습니다. 그런데 느헤미야의 연설을 듣고 있던 사람들 가운데 호른 사람 산발랏과 암몬 사람 도비야와 아라비아 사람 게셈이 있었는데, 이들은 오히려 야유를 보내면서 방해를 하고 있었답니다.

"예루살렘 성을 다시 중건한다고? 웃기는 소리 하지 마시오. 이 성이 무너진 지가 무려 100년이 훨씬 넘었소이다. 그동안 내로라 하는 작자들이 나타나 재건이니 중건이니 하면서 법석들 떨었지만 어느 누구 하나 제대로 한 사람이 없었지 않소? 게다가 느헤미야라는 작자가 하는 일의 음흉함을 설파해야 하는 것 아니요? 분명 느헤미야는 성을 재건한다는 명분으로 이스라엘 사람들을 선동해서 자기 사람으로 만든 다음, 바사 왕을 배반하고 독립을 꾀하는 것이 원래 목적인 게 틀림없지! 느헤미야를 따라 성을 건축하다가는 크게 후회할 거요. 분명 반역자로 처벌되고 말 것이니 알아서들 하시요!"

산발랏과 도비야, 게셈의 말은 무서웠습니다. 가뜩이나 바사 중앙 정부는 각 민족들의 독립을 위한 움직임이 있을까 하여 신경을 곤두세우고 있는데, 이들이 느헤미야의 성벽 중건 일을 반역으로 연결시키고 있었기 때문입니다.

『호론 사람 산발랏과 종이 되었던 암몬 사람 도비야와 아라비아 사람 게셈이 이 말을 듣고 우리를 업신여기고 비웃어 가로되 너희의 하는 일이 무엇이냐 왕을 배반코자 하느냐 하기로』(2:19)

사탄의 방해 공작 모습입니다.
우선은 업신여기고 비웃고 있네요.
기를 죽이겠다는 것이고 무시한다는 거네요.
정말로 무시할 만큼 하찮은 거라면
의도적으로 업신여기면서 달려들지도 않겠지만...

우리가 주의 일을 할 때 무시하는 세력이 있다면
감사하세요.
우리가 대단한 존재임을 알고 가만 놔두면 안 된다는 것을 알기에
업신여기고 비웃으면서 기를 죽이려고 하는 사탄의 간계임을.

그런데 더 무서운 것은 말도 안 되는 소문을 내고 있다는 겁니다.
왕을 배반하고 독립을 하기 위한 수단이라고 말을 만드는 겁니다.
무서운 일이지요.
본인은 물론 친척까지도 몰살당하게 될 수도 있으니까요.
모든 사람으로 하여금 두려움을 주어 일을 하지 못하도록 하려는
사탄의 음모랍니다.
사탄의 계략이 간단하지 않다는 걸 항상 생각하고 지내세요!

방해꾼들의 방해로 인해 사람들의 마음이 흔들렸습니다. 두려움이 엄습해 오는 것 같은 분위기였습니다. 느헤미야도 섬뜩했을 정도니 일반 백성들이야 오죽 혼란스러웠겠는지요. 이걸 눈치 챈 느헤미야가 다시 연설을 하기 시작했습니다.

"저 방해하는 사람들의 말에 귀를 기울이지 마십시오. 하나님께서 우리가 하는 일을 형통케 하실 겁니다. 저들이 하는 일은 우리로 하여금 성벽을 중건하지 못하게 하려는 의도일 뿐입니다. 우리는 하나님의 종입니다. 그러나 방해하는 저들은 하나님과는 상관이 없는 자들이고, 예루살렘에는 아무런 기업도 없고 권리도 없으며 이스라엘 사람의 명단에조차 없는 사람들입니다. 그러니 방해하는 저들의 말에 귀를 기울이지 마십시오!"

『내가 대답하여 가로되 하늘의 하나님이 우리로 형통케 하시리니 그의 종 우리가 일어나 건축하려니와 오직 너희는 예루살렘에서 아무 기업도 없고 권리도 없고 명록도 없다 하였느니라』(2:20)

하나님의 일을 막는 것은 사탄입니다.
사탄이 하는 일이 그런 것이지만
사탄이 하나님의 일을 막는다고 막아지는 것이 아니지요.
그런데 사람들은 사탄의 공격이 있으면
겁을 먹고 일을 포기한답니다.
그러다가 훗날 후회를 하지요.

'그 때 믿음으로 하나님의 일을 할 걸' 하면서 말입니다.

방해꾼이 하는 음모가 무시무시하다 하더라도

하나님의 일을 하는 것은 계속하세요.

믿음으로 계속하면 하나님의 함께 하심을 경험하게 될 것입니다.

2

〉〉 두 번째 이야기 느헤미야 3-7장

일하는 중에 일어난 이야기

성(城)을 중건하기 위해서 움직일 때였습니다. 지난번 성 중건을 위한 회합 때 나타나 비방을 하면서 못되게 굴었던 산발랏이라는 사람이 이번에도 앞장을 서서 성(城) 중건하는 일을 방해하는 겁니다. 그는 사마리아 지방을 관할하는 총독이었는데 예루살렘까지 자기 손에 넣고 싶은 야심이 있었지요. 그런데 예루살렘 성이 중건되고 나면 예루살렘에는 영향력을 끼칠 수가 없고 또 경제와 상업 중심이 예루살렘으로 바뀔 것이 두려웠던 겁니다. 그래서 어떻게 하든지 예루살렘 성 중건하는 일을 못하게 하는 거였지요. 이 일을 위해 자신의 수하들을 모아 놓고 노골적으로 예루살렘 성 중건을 막아야 한다고 연설을 하면서 방해하도록 선동했던 겁니다."여러분, 나 산발랏은 여러분들의 가족과 생활을 위해 지금 느헤미야와 이스라엘 사람들이 하고 있는 예루살렘 성 중건을 막아야 한다고 생각하는 사람입니다. 예루살렘 성이 중건 되고 나면 이 지역의 경제적인 문제가 심각해집니다. 물론 느헤미야는 성을 중건한다고 하지만 사실상 바사 제국으로부터 독립을 하려는 의도가 명백한 겁니다. 그렇게

무너진 우리의 세계
모두의 책임이랍니다.
다시 세우기 위해 모두가 일해야 하는 겁니다.
신분 따지는 사람 얼마나 얄미운데요.

일의 환경이 달라도 충돌하지 않고 일하는 모습이 아름다운 겁니다.
어떤 사람은 비린내 나는 문(어문)에서 일했습니다.
어떤 사람은 양 냄새 나는 곳(양문)에서 일했습니다.
어떤 사람은 길이 험한 곳(골짜기 문)에서 일했고
어떤 사람은 말 냄새 나는 곳(마문)에서 일한 겁니다.
어떤 사람은 똥 냄새 나는 곳(분문)에서 일했고
어떤 사람은 물이 많아 질퍽한 곳(샘문)에서 일했지요.
그런데 불평 없이 일했습니다.
그래서 아름다웠고 감동이었답니다.

얄미운 사람이 있습니다.
드고아 사람 중에 귀족들입니다.(:5)
이들은 주님의 일을 하지 않았다지요.

다른 사람 일할 때 구경하고 판단하는 사람들입니다.
매사에 부정적인 시각으로 보는 사람들입니다.
(자기들의 표현으로는 비판적 시각이라는 말로 합리화 합니다.)
항상 말이 많습니다.
세력을 규합해서 자신들의 일하지 않음을 합리화하려 합니다.

이런 사람 되지도 말고

이런 사람과는 만나지도 마세요!

느헤미야의 이름이 없습니다.

많은 사람들의 이름을 적으면서 칭찬을 하고 있는데

정작 앞에서 큰일을 한 느헤미야의 이름이 없는 겁니다.

다른 사람을 세워주고 자신은 감추는 모습이 아름답네요.

우리의 삶도 남을 세워주면서 아름다운 삶을 사는 거지요!

❷ 느 4:1–14

일하는 중에 있었던 방해들

성(城)을 중건하기 위해서 움직일 때였습니다. 지난번 성 중건을 위한 회합 때 나타나 비방을 하면서 못되게 굴었던 산발랏이라는 사람이 이번에도 앞장을 서서 성(城) 중건하는 일을 방해하는 겁니다. 그는 사마리아 지방을 관할하는 총독이었는데, 예루살렘까지 자기 손에 넣고 싶은 야심이 있었지요. 그런데 예루살렘 성이 중건되고 나면 예루살렘에는 영향력을 끼칠 수가 없고 또 경제와 상업 중심이 예루살렘으로 바뀔 것이 두려웠던 겁니다. 그래서 어떻게 하든지 예루살렘 성 중건하는 일을 못하게 하려는 거였지요. 이 일을 위해 자신의 수하들을 모아 놓고 노골적으로 예루살렘 성 중건을 막아야 한다고 연설을 하면서 방해하도록 선동했던 겁니다.

"여러분, 나 산발랏은 여러분들의 가족과 생활을 위해 지금 느헤미야와 이스라엘 사람들이 하고 있는 예루살렘 성 중건을 막아야 한다고 생각하는 사람입니다. 예루살렘 성이 중건 되고 나면 이 지역의 경제적인 문제가 심각해집니다. 물론 느헤미야는 성을 중건한다고 하지만 사실상 바사 제국으로부터 독립을 하려는 의도가 명백합니다. 그렇게 되면 여러분과 내가 사는 이 땅은 바사 제국의 군인들에 의하여 통제를 받게 될 것이고 자유를 잃어버리게 될 것입니다."

산발랏은 자신들의 방해 공작을 명분화하면서 사람들의 마음을 사려고 거짓말을 하고 있는 겁니다.

"예루살렘 성을 중건한다는 유다 사람들을 보십시오. 저들이 지금은 뭘 할 것 같습니다만 저들에겐 성을 중건할만한 아무런 힘이 없음을 여러분이 알고 있을 겁니다. 성을 중건하여 자신들의 아성을 쌓으려는 것 같습니다만 말도 되지 않는 겁니다. 어떤 유대인은 성을 중건한 다음에 제사를 드리겠다고 하는데, 제사야 이미 지어진 성전에서 하면 되는 것이지 굳이 성을 중건할 이유는 없는 것 아닙니까? 모두가 변명에 불과한 거지요. 더 웃기는 것은 아무 것도 없으면서 온 유다인이 다 달라붙어 일을 하겠다는 겁니다. 일이란 순서가 있는 것인데 마구잡이로 일을 한다는 거예요. 하루 아침에 될 거라고 생각하는가 보지요. 하하. 오래전 불에 탄 돌 하나 옮기는 것도 며칠은 걸릴 텐데 말입니다."

산발랏과 손을 잡고 있던 종으로 살다가 자유 몸이 된 암몬 사람 도비야가 산발랏의 말을 거들었습니다.

"유다 사람들이 무너지고 불탄 성을 중건한다고 하는데 만에 하나 저들이 성을 중건했다고 합시다. 제대로 된 돌을 썼겠습니까? 아니면 든든한 나무를 가지고 성을 중건하겠습니까? 기껏해야 썩은 나무와 불에 탄 돌을 가지고 겉모습만 성(城)의 흉내를 낼 것인데 그런 성이라면 여우가 올라가 다니더라도 무너질 게 아니냐는 거지요."

『산발랏이 우리가 성을 건축한다 함을 듣고 크게 분노하여 유다 사람을 비웃으며 자기 형제들과 사마리아 군대 앞에서 말하여 가로되 이 미약한 유다 사람들의 하는 일이 무엇인가, 스스로 견고케 하려는가, 제사를 드리려는가, 하루에 필역하려는가, 소화된 돌을 흙무더기에서 다시 일으키려는가 하고 암몬 사람 도비야는 곁에 섰다가 가로되 저들의 건축하는 성벽은 여우가 올라가도 곧 무너지리라 하더라』(4:1-3)

사탄의 공작 가운데 하나는
비난과 업신여기는 말이지요.
과소평가하는 일을 한답니다.
모세가 애굽의 바로 왕 앞에 섰을 때도
비난과 업신여김 당하는 말을 들었지요.
비난과 업신여김의 말을 듣는 것보다 중요한 것은
그런 말을 듣는 우리의 태도입니다.

무슨 소리를 지껄이든지 마음에 두지 마십시오.
부정적이고 사기를 저하시키는 말에 마음을 두지 않아야 합니다.
옛말에 개가 짖는다고 기차가 멈추지는 않는다고 했습니다.
사탄이 미친 개처럼 짖어대면서 난리를 친다 하더라도
무시하십시오.
할 일도 있고 갈 길도 바쁘기 때문입니다.

느헤미야는 속이 무척 상했습니다. 바사 제국의 총리라는 직책으로 혹은 아닥사스다 왕의 조서를 가지고 산발랏을 처리할 수 있었습니다만 그렇게 하지 않았습니다. 단지 하나님께 기도했답니다. 그런데 그의 기도는 정말 무서운 기도였습니다. 하나님께 문제의 해결을 맡긴 신앙이었지요.

"우리의 하나님이시여, 당신께서도 들으신 줄 압니다. 산발랏과 도비야가 하는 말 말입니다. 저들이 우리를 업신여기나이다. 우리가 저들의 말에 업신여김을 당하고 있나이다. 이제 당신께 구하오니 저들이 욕하는 그 말이 저들의 머리에 돌아가게 하옵소서. 우리를 업신여기는 저들로 하여금 사방의 노략거리가 되어 이방에 사로잡히게 하소서. 하나님이시여, 저들의 악을 덮어 두지 마시옵소서. 죄를 잊지 마시옵소서. 저들이 예루살렘 성을 건축하는 사람들 앞에서 말을 지껄임으로 당신의 노를 격동하였나이다."

『우리 하나님이여 들으시옵소서 우리가 업신여김을 당하나이다 원컨대 저희의 욕하는 것으로 자기의 머리에 돌리사 노략거리가 되어 이방에 사로잡히게 하시고 주의 앞에서 그 악을 덮어두지 마옵시며 그 죄를 도말하지 마옵소서 저희가 건축하는 자 앞에서 주의 노를 격동하였음이니이다 하고」(4:4-5)

억울하고 분할 때
내가 가지고 있는 힘을 가지고 짓누를 수도 있고
혹은 약자를 보호하기 위해 (인간이 만든) 법을 가지고
보호를 받을 수도 있습니다.
그런데 느헤미야는 그렇게 하지 않았습니다.
보이지 않게 일하시는 하나님께 사정을 아뢰었고
처리를 부탁했습니다.
하나님이 처리하시면 모든 것이 깨끗해지기 때문입니다.
원수는 내가 갚을 것이 아니라
하나님이 처리하시도록 부탁하는 것이
성경의 가르침이랍니다.
다윗도 그랬습니다.
너무 힘들었기에 시편 109편의 말로 기도했지요.

느헤미야는 흔들리지 않았습니다. 느헤미야가 견고하자 그를 따르던 사람들도 흔들리지 않았답니다. 모두가 한 마음이 되어 맡겨진 구역에서 열심히 일한 겁니다. 비난과 조롱이 있었지만 그런 소리를 들으면서도 성의 절반이 올라갔답니다.

「이에 우리가 성을 건축하여 전부가 연락되고 고가 절반에 미쳤으니 이는 백성이 마음 들여 역사하였음이니라」(4:6)

당신이 앞에 서 있는 사람이라면
누군가가 당신을 보고 있다는 걸 잊지 마십시오.
당신이 용기를 내면 당신을 보고 있는 사람도 용기를 냅니다.
당신이 낙심하면 당신을 보고 있는 사람도 낙심을 한답니다.
당신이 하는 것을 보고 많은 사람이 방향을 정하는 거랍니다.
작게는 가정에서 혹은 직장에서 혹은 교회에서 민족 가운데서
당신은 누군가에게 영향을 끼치는
중요한 사람이랍니다!

모두들 열심히 일하고 있었습니다. 지친 동료가 있으면 격려했고 두려움으로 가슴 조아리는 사람이 있으면 용기를 북돋아 주었습니다. 몸이 힘든 사람에겐 짐을 나누었습니다. 그렇게 하는 일이기에 모두가 행복했고 일의 성과는 눈에 띄게 나타나고 있었습니다.

성벽이 올라갈수록 불안한 사람들이 있었다면 산발랏과 도비야였습니다. 그렇게도 비난하고 업신여기며 못된 말을 하였는데도 느헤미야를 비롯한 유다 사람들은 열심히 일하고 있었기 때문입니다. 그러더니 이번에는 더 많은 사람들을 규합하여 노골적으로 음모를 꾸미는 거였습니다. 산발랏과 도비야와 함께 아라비아 사람들, 암몬 사람들, 아스돗 사람들이 함께 규합을 한 거였지요.

이들은 모이기만 하면 화를 내곤 했습니다. 자신들의 뜻대로 되지 않는 것 때문이었습니다. 많은 사람들에게 유다인들이 하는 일은 형통하지

못할 것이라고 장담을 했는데 형통하지 못하기는커녕 오히려 일이 아주 잘 진행되고 있는 것이 자신들의 눈에도 보이고 있었기 때문이었죠. 자신들이 장담한 대로 되지 않는 것을 보고 미안해하거나 쑥스러워 하기는커녕 오히려 또 다른 변명을 만들고 핑계를 만들었답니다.

"이보게들, 이대로 있다가는 예루살렘 성이 완공되겠는 걸. 그러니 우리가 현장에 가서 그 놈들을 방해하는 것이 낫지 않겠어? 앉아서 당할 수만은 없잖아. 이게 다 제국을 위한 것이고 우리 소수 민족을 위한 일이라이. 그러니 우리가 직접 저놈들이 일하는 곳으로 가세나."

『산발랏과 도비야와 아라비아 사람들과 암몬 사람들과 아스돗 사람들이 예루살렘 성이 중수되어 그 퇴락한 곳이 수보되어 간다 함을 듣고 심히 분하여 다 함께 꾀하기를 예루살렘으로 가서 쳐서 요란하게 하자 하기로』(4:7-8)

하나님의 일을 방해하는 악인들은
언제나 연합합니다.
자신들의 예측대로 될 것이라고 확신을 합니다만
하나님의 일이 사탄의 원하는 대로 되는 게 아니기에
화를 내고 분을 이기지 못해 합니다.
그리스도인은 그렇지 않습니다.
자신의 뜻대로 일이 되지 않으면 자신을 돌아보고
하나님의 뜻이 다른 곳에 있구나 하면서 기도하고 생각을 하지요.
그리스도인은 자신의 뜻이 이루어지는 것을

기다리는 사람이 아니라
하나님의 뜻이 이루어지기를 바라는 사람들이기 때문이랍니다.

사탄은 부끄러운 걸 모릅니다.
하나님의 일을 방해하려고 끈질기게 도전해 온다는 겁니다.
상식적으로는 나타날 수 없는 곳에까지 나타나
추태를 부리면서도 부끄러운 줄 모른다는 거지요.
그렇다고 사탄의 뜻대로 하나님의 일이 중단되는 것이
아닌데도 말입니다.

산발랏을 비롯한 방해꾼들이 예루살렘 성 중건 작업장까지 온다는 소문이 일하고 있는 사람들에게 전달되었습니다. 느헤미야도 그 소식을 접했구요. 정말 당황했습니다. 느헤미야는 그리도 간절히 기도했는데 방해꾼이 없어지기는커녕 오히려 더 적극적으로 달려드는 걸 보니 무척이나 부담스러웠답니다. 어떤 사람은 소문으로 인해 낙심하는 것 같았습니다.

느헤미야도 힘들었지만 내색하지 않았답니다. 오히려 기도하였고 사람들에게 기도하자고 권면하면서 격려했지요. 자신이 힘든 가운데 다른 사람을 격려하고 위로하고 용기를 준다는 것은 무척이나 힘들었답니다. 그러나 자신이 무너지면 예루살렘 성을 중건하는 하는 일이 언제 또 재개 될지 모르는 일이었고 이 일을 위해 먼 곳까지 여행을 온 것인데 중단 할 수는 없었지요. 비록 원수의 방해가 계속된다 하더라도 기도하는 일 이외에는 다른 대책이 없음을 알고 있었고, 하나님께서 반드시 기도를 응답해 주실 줄 확신했답니다.

"동포 여러분, 힘을 내십시오. 기도합시다. 우리가 하는 일은 하나님의 일입니다. 원수들이 제아무리 기승을 부린다 하더라도 하나님께서 막아 주실 것입니다. 그러니 마음을 다해 모두 기도해야 합니다. 또한 저놈들이 우리를 방해하기 위해서 오는 것을 막기 위해 몇몇 사람이 파수합시다. 밤낮으로 조를 짜서 방해꾼들이 작업장으로 들어오지 못하도록 막아야 합니다."

『우리가 우리 하나님께 기도하며 저희를 인하여 파숫군을 두어 주야로 방비하는데』(4:9)

기도 많이 했는데
일이 수월해 지기는커녕 점점 더 어려워지는 겁니다.
분명 하나님의 일을 하는 데도 말입니다.
그렇다고 하나님을 원망해서는 안 됩니다.
하나님이 기도를 듣지 않고 계시다는 불신앙도 안 됩니다.
기도는 환경을 변화시키기도 하지만
기도를 통해서 환경을 이길 능력이 생긴다는 것을 잊지 마십시오!
느헤미야는 기도했기에
더 무서운 공격도 넉넉하게 이길 수 있는 사람으로
변화된 것이랍니다.

기도한다는 것은
아무 것도 안 하고 기도만 하고 있는 것을 말하지 않습니다.

기도하면서 할 일을 한다는 걸 말합니다.
내가 하는 일에 하나님이 개입하신다는 것이
기도하면서 일한다는 말입니다.
하나님의 인도하심에 맡긴다는 표현이 기도한다는 거랍니다.
인생의 모든 일을 기도하면서 하는 겁니다.
그것이 하나님과 동행하는 삶의 모습이랍니다.

일을 방해하는 사람이 있습니다.
방해가 너무 심해 고통스러울 때가 있습니다.
그리스도인은 그런 방해로 인해 속상하기도 하고
두려워하기도 합니다.
그러나 거기서 그치는 것이 아닙니다.
기도하지요.
그것이 그리스도인과 그렇지 않은 사람의 차이랍니다.

일하는 것이 쉽지가 않았습니다. 맨 땅에다가 성을 건축한다면 오히려 나을 텐데 무너져 있는 것을 치우고 옛 모습을 다시 회복한다는 것은 갑절이나 어려운 거였습니다. 타버린 돌을 치우기 위해 만지면 부서지는 것도 있었고, 불에 탄 나무를 치우려면 먼지처럼 바람에 날리기도 했습니다. 돌이건 나무건 간에 오랜 세월이 지나는 동안 대부분 땅에 묻혀 있었기에 꺼내는 일조차 엄청난 일이었습니다. 게다가 버릴 것과 다시 쓸 것을 추리는 일도 만만하지 않았고 중건을 위해 물자를 옮겨오는 일도 쉬운 것이 아니었습니다. 정말 일이 산더미 같았습니다.

"말이 그렇지, 우리가 성을 건축한다는 건 불가능한 일이여! 저 흙더미 좀 보게나. 땅 속에서 파내야 하는 흙만 해도 엄청난 거여. 그리고 쓸모없는 것들을 어디다가 갖다 버린다이? 지금껏 죽기 살기로 일했지만 시작도 하지 않은 것 같으니 아예 포기하는 것이 낫지 않겠어? 내 생각에는 절대 불가능하이. 절대로!"

누군가가 맥 빠지는 소리를 하고 있었지요.

느헤미야도 힘들었습니다. 지금 모두가 힘을 내고 격려해야 할 판인데 할 수 없다는 절망적인 말을 들으니 힘이 쭉 빠지는 거였습니다.

『유다 사람들은 이르기를 흙무더기가 아직도 많거늘 담부하는 자의 힘이 쇠하였으니 우리가 성을 건축하지 못하리라 하고』(4:10)

무척이나 힘들 때가 있습니다.
힘들 때 더욱 조심해야 합니다.
나만 힘든 것이 아니거든요. 모두가 힘든 겁니다.
그럴 때 말 한 마디가 공동체의 사기를 좌지우지 한답니다.
부정적인 말을 하면 그 말을 들은 모두의 마음이 어두워지지요.
그러나 그렇게 힘이 든 데도 긍정적인 말을 하면
그 말을 들은 사람들은 힘을 얻고 용기를 얻는답니다.
모두가 힘들 때
모든 사람을 세워주는 언어의 마술사가 되어 보세요.
유다 사람들, '우리가 한 일이 이렇게 많구나 얼마 있으면

성벽이 완성되겠구나' 했으면
얼마나 좋았겠나 하는 아쉬운 생각(?)을 해 봅니다.

원수들에게서 만들어진 이야기가 또 들려 왔습니다.

"느헤미야 총리 어르신, 산발랏과 도비야와 게셈과 아라비아 사람 암몬 사람들이 은밀하게 우리 작업장으로 들어 올 계획을 다 짜 놓았다는 소문이 있습니다. 그리고는 성벽 쌓는 일만 방해하는 것이 아니라 일하는 사람을 쥐도 새도 모르게 죽일 거라네요."

"그런 말은 어디서 들었소?"

"작업장에서 일하는 사람들의 이웃과 친척들이 드나들면서 일하는 사람들에게 전해 준 말입니다. 한 두 번이 아니라 무려 열 번이나 들었다는 군요. 성벽 쌓기를 그치지 않고 계속하면 죽을 지도 모른다는 소문입니다."

『우리의 대적은 이르기를 저희가 알지 못하고 보지 못하는 사이에 우리가 저희 중에 달려 들어가서 살륙하여 역사를 그치게 하리라 하고 그 대적의 근처에 거하는 유다 사람들도 그 각처에서 와서 열 번이나 우리에게 고하기를 너희가 우리에게로 와야 하리라 하기로』(4:11-12)

원수는 공갈을 합니다. 협박도 합니다.
죽을 거라고 말하기도 하고 죽일 것처럼 말합니다.
의도적으로 그런 소문을 냅니다.

(철없는 사람들이 그 소문을 전달하지만...)
그러나 하나님 나라를 위해 일을 하는 우리들은
소문에 흔들리면 안 되는 겁니다.
견고하게 앞을 향해 가십시오.
주님은 그걸 보고 싶어 하시는 겁니다.

더러운 말을 전달하는 사람들이 있습니다.
악한 자들이 만든 말을 철없이 믿고 전달하는 사람들입니다.
지혜롭지 못한 행동이랍니다.
더러운 말, 악한 말을 들으면
먼저는 기도하세요.
그리고는 그런 말을 전한 사람을 책망하는 겁니다.
반면에 하나님 나라를 세우기 위한 긍정적인 말을 하는 겁니다.

소문을 들은 사람들이 불안해 할 수 있겠다는 생각이 들었습니다. 그래서 느헤미야는 사람들의 마음을 불안하지 않게 해야겠다는 마음으로 각 종족에서 몇몇 사람을 불렀습니다. 방해꾼들이 들어올 가능성이 있는 길목을 지키도록 하기 위해서였습니다. 몸으로만 지키는 것이 아니라 무기를 가지고 지키도록 했지요.

성벽을 중건하고 있는 사람들이 무기를 가지고 파수하는 것을 보고는 마음이 평안 했는가 봅니다. 느헤미야는 파수하는 사람들에게 간곡하게 부탁했습니다.

"여러분, 여러분들에게 막중한 임무가 주어졌습니다. 성벽을 중건하기 위해 일하는 사람들을 공격하기 위해 올지도 모를 악한 사람들을 막아내는 겁니다. 그래야 성벽 쌓는 사람들이 안심하고 일을 할 수 있는 겁니다. 여러분이 파수하는 이 일은 여러분의 형제와 자녀와 아내와 집을 지키기 위한 일임을 명심하십시오. 또한 하나님을 기억하시면서 이 사명을 잘 감당해 주시길 바랍니다! 우리가 정말로 두려워해야 할 분은 방해꾼이 아니라 천지를 주관하시는 여호와 하나님이십니다!"

『내가 성 뒤 낮고 넓은 곳에 백성으로 그 종족을 따라 칼과 창과 활을 가지고 서게 하고 내가 돌아본 후에 일어나서 귀인들과 민장과 남은 백성에게 고하기를 너희는 저희를 두려워 말고 지극히 크시고 두려우신 주를 기억하고 너희 형제와 자녀와 아내와 집을 위하여 싸우라 하였었느니라』(4:13-14)

사람을 두려워하지 말고
사람을 만드신 하나님을 두려워하는 것이 신앙입니다.
세상 사람이 말하는 「힘」으로 무슨 일을 할 수 있을 것 같지만
그건 믿음 없는 사람들의 생각일 뿐이고
우리가 알고 믿는 것처럼 역사는 하나님이 주관하시는 거잖아요.
그렇기에 성도는 사람을 두려워하지 않고
또 사람을 의지하지 않는답니다.
우린 하나님 아버지를 의지하는 사람이지요.
『혹은 병거 혹은 말을 의지하나
우리는 여호와 우리 하나님의 이름을 자랑하리로다』(시 20:7)

『내가 하나님을 의지하였은즉 두려워 아니하리니
혈육 있는 사람이 내게 어찌 하리이까』(시 56:4하)
인생 중에 못된 세력은 있기 마련이지만
아무리 강하게 다가온다 하더라도
배후에 계시는 하나님을 의지하는 신앙을 갖고 살아야지요.

❸ 느 4:15-23

음모에 대처하는 지혜

방해꾼들이 하는 일은 주로 음모였습니다. 모여서 말을 만들고 입을 맞추고 또 어디서 시작된 말인지 모르게 말을 흘리면서 소문을 내는 거였습니다. 자신들의 말이 일하고 있는 당사자들에게 전달이 되어 두려움을 갖게 하여 성벽 중건하는 일을 하지 못하도록 하는 게 목적이었죠.

그런 치사한 방법에 먼저는 느헤미야가 끄떡하지 않았습니다. 그야말로 눈 하나 까딱하지 않았습니다. 게다가 느헤미야의 견고함에 백성들도 흔들리지 않았고 또 느헤미야를 중심으로 똘똘 뭉쳤습니다. 물론 마음에 불안함을 느낀 사람도 있었고 힘들다고 하는 사람도 있었습니다만 그래도 느헤미야의 설득과 격려로 다시 힘을 얻었답니다.

산발랏과 도비야를 비롯한 방해꾼들은 당황스러웠습니다. 자신들이 꾸민 음모가 성벽을 중건하고 있는 사람들에게 흘러 들어갔다면 일의 효능이 급격하게 떨어지고 심지어는 일하는 사람들이 흩어져야 하는데 오히려 파숫꾼을 세우면서까지 일을 계속하고 있었기 때문이었습니다. 게다가 일하는 사람과 파수하는 사람들의 조직이 마치 군대 조직 같이 절도가 있고 철저했답니다. 방해꾼들은 성벽을 중건하는 이스라엘 사람들의 행동을 보고 실망이 컸답니다. 오히려 소문을 내지 않았더라면 더 나았을 수 있었겠다는 후회를 한 거였지요.

일꾼들은 반반씩 나뉘었습니다. 반은 성벽 쌓는 일을 계속하였고 나머지 반은 마치 군인처럼 갑옷을 입고 창과 방패와 칼과 활을 가지고 파수하는 거였지요. 그리고 백성들의 지도자라고 하는 사람들은 일하는 사람과 파수하는 사람들의 뒤에서 격려하며 위로하는 일을 했답니다. 성을 건축하고 있는 사람들도 긴장하고 있기는 마찬가지였습니다. 흙을 나르고 돌을 옮기며 성을 쌓으면서도 몸에는 언제든지 싸울 수 있는 병기를 갖고 있었던 겁니다. 또한 느헤미야 옆에는 적이 쳐들어오면 그 소식을 일하는 전체에게 알리기 위한 나팔수를 두고 있었지요. 느헤미야는 일하는 사람에게는 물론 일하지 않는 사람에게까지 알렸습니다.

"여러분들, 우리가 하는 성벽 중건의 일을 방해하기 위하여 산발랏과 도비야와 그 악당들이 언제 공격해 올지 모릅니다. 만약의 사태를 대비하기 위해 파수꾼을 세웠고 또 모든 사람이 병기를 들고 일하고 있습니다. 혹 악당의 세력들이 일을 방해하기 위해 온다는 소리가 있으면 내 옆에 있는 나팔수가 나팔을 길게 불 것입니다. 그 소리를 들은 사람들은 어디서든지 일을 멈추고 적을 맞을 준비를 할 것이며 온 힘을 다해 적을 맞이해야 합니다. 우리 하나님께서 우리를 위하여 싸우실 것입니다!"

『우리의 대적이 자기의 뜻을 우리가 알았다 함을 들으니라 하나님이 저희의 꾀를 폐하셨으므로 우리가 다 성에 돌아와서 각각 역사하였는데 그 때로부터 내 종자의 절반은 역사하고 절반은 갑옷을 입고 창과 방패와 활을 가졌고 민장은 유다 온 족속의 뒤에 있었으며 성을 건축하는 자와 담부하는 자는 다 각각 한 손으로 일을 하며 한 손에는 병기를 잡았는데 건축하는 자는 각각 칼을 차고 건축하며 나팔 부는 자는 내 곁에 섰었느니라 내가 귀인들과 민장들과 남은 백성에게 이르기를 이 역사는 크고 넓으므로 우리가 성에서 나뉘어 상거가 먼즉 너희가 무론 어디서든지 나팔 소리를 듣거든 그리로 모여서 우리에게로 나아오라 우리 하나님이 우리를 위하여 싸우시리라 하였느니라』(4:15-20)

사탄의 공격이 있습니다.
그들이 하는 공격의 방법을 알고 있어야 합니다.
그들의 공격을 두고 하나님께 기도해야 합니다.
그들의 공격을 막기 위해 지혜를 짜고 헌신해야 하는 겁니다.
한 손으로는 주님의 일을 하십시오.
다른 한 손으로는 악한 세력을 막기 위한 지혜를 가지십시오.

그 일에 당신의 온 몸을 드리신 거지요.

그 분의 뜻을 따라야 합니다.

우리의 생각을 고집하면 안 됩니다.

우리의 의견을 주장하면 안 됩니다.

그 분이 하라고 하는 대로 해야

무너진 우리의 인생이 다시 중건될 수 있는 거랍니다.

❹ 느 5:1-13

환난이 문제가 아닙니다

하나님의 일을 하고 있는데 대적이 힘들게 합니다. 기도하는 데도 원수의 음모와 계략은 줄어들지 않는 겁니다. 일만 하는 것도 벅찬데 원수와 음모꾼들을 막기 위해 파수까지 해야 하는 지경이기에 죽을 것 같았답니다. 대적들의 괴롭힘만 없다면 어떤 어려움이 있다 하더라도 견뎌 보려고 했습니다. 그런데 견디질 못하겠는 겁니다. 가뭄으로 인한 흉년이었거든요. 먹을 게 없는 겁니다. 자녀들이 배고프다고 울고 있는 겁니다. 이런 모든 것을 이기겠다고 마음먹고 성벽 중건에 나선 건데 예상 못한 원수들의 방해가 심하기에 견딜 수가 없었습니다.

일하고 있을 때 가족들이 찾아와 소리를 지르곤 합니다.

"이보시오. 느헤미야 양반. 그리고 성벽을 쌓겠다고 일하는 양반들이여, 우리들 이야기 좀 들어보시오. 성벽도 중요하고 옛 성을 다시 쌓는 것도 중요하겠지만 일단은 사람이 살고 봐야 하지 않겠소. 지금 오랜 가뭄으로 인해 먹을 게 없어 죽을 지경인데 남자들이 이곳에 와서 저리도 성벽을 쌓는다고 여기만 붙어 있으니 어찌 살라는 말이요. 새끼들은 굶어서 울고 있소이다. 식량을 구해야 하는데 방도가 없으니 땅과 집을 전당 잡히고서라도 먹을 것을 구해야 할 판이란 말이요."

"나는 이미 있는 밭과 포도원을 저당 잡힌지 오래요. 먹고 살기 위해서 그런 것이 아니라 그 놈의 세금을 내지 못하면 죽을 노릇이기에 세금 내기 위해서 땅을 저당 잡혔소이다. 우리 가운데 많은 사람이 먹고 사는 일로 혹은 세금 때문에 자녀를 팔아야 하는 지경까지 된 사람들이 있으니 성벽은 무슨 성벽이냐는 거요! 성벽 짓기 전에 우린 다 죽고 말거요!"

사람들의 원망이었습니다.

『때에 백성이 그 아내와 함께 크게 부르짖어 그 형제 유다 사람을 원망하는데 혹은 말하기를 우리와 우리 자녀가 많으니 곡식을 얻어먹고 살아야 하겠다 하고 혹은 말하기를 우리의 밭과 포도원과 집이라도 전당 잡히고 이 흉년을 위하여 곡식을 얻자 하고 혹은 말하기를 우리는 밭과 포도원으로 돈을 빚내어 세금을 바쳤도다 우리 육체도 우리 형제의 육체와 같고 우리 자녀도 저희 자녀 같거늘 이제 우리 자녀를 종으로 파는도다 우리 딸 중에 벌써 종된 자가 있으나 우리의 밭과 포도원이 이미 남의 것이 되었으니 속량할 힘이 없도다』 (5:1-5)

나 하나 힘든 건 견딜만 합니다.
그런데 사랑하는 가족이 나 때문에
힘들어 하는 건 견디기 힘듭니다.
하나님의 일이기에 어려움이 있다는 것을 알고 각오도 했습니다.
그래서 견디기도 했고 기도도 했습니다.
그런데 나아지기는커녕 오히려 더 복잡해지고 어려워지는 겁니다.
내일이 전혀 보이질 않는 겁니다.
막다른 골목까지 온 것 같습니다.

기적(?)을 바라지 마십시오.
신앙은 기적을 기다리는 것이 아니라
하나님을 계속 신뢰하는 겁니다.
우리에게 중요한 것은 기적이 아니라
환난 중에도 낙심하지 않고 하나님을 신뢰하는 믿음입니다.

느헤미야도 미칠 것 같았습니다. 성벽 중건하는 일을 지도하는 것도 무거운 일이었고 원수들의 방해 공작을 막는 것도 보통 버거운 일이 아닌데, 이젠 일하는 사람들의 가족들이 먹을 것이 없다고 하면서 아우성을 치고 있는 겁니다. 게다가 곡식을 주면서 땅을 빼앗는 놈들 때문에 가슴이 터지는 것 같았지요. 그 놈들이 다른 종족이 아닌 유다인이라는 말 때문이었습니다.

먹을 것을 주면서 백성들의 땅을 저당 잡은 부자들을 불러 모았습니다. 제국 총리의 소집이었기에 누구도 찍소리 못하고 모였지요.

"이보게들, 당신들이 지금 무슨 짓들을 하고 있는지나 알고 있소? 지금 온 나라가 가뭄으로 먹고 살기가 어려운 것은 다 아는 사실이고 그런 중에도 성벽을 중건하겠다고 헌신한 사람들이 피땀을 흘리고 있는데, 당신들은 거들먹거리면서 백성들에게 땅을 요구하고 자녀를 종으로 삼으면서 먹을 것을 주는 고리대금업을 하고 있는 것 아니요! 이방 사람들이 욕합니다. 욕해요!"

느헤미야의 말을 듣고 있던 귀족들과 민장들은 아무 소리도 못했습니다.

『내가 백성의 부르짖음과 이런 말을 듣고 크게 노하여 중심에 계획하고 귀인과 민장을 꾸짖어 이르기를 너희가 각기 형제에게 취리를 하는도다 하고 대회를 열고 저희를 쳐서 이르기를 우리는 이방인의 손에 팔린 우리 형제 유다 사람들을 우리의 힘을 다하여 속량하였거늘 너희는 너희 형제를 팔고자 하느냐 더구나 우리의 손에 팔리게 하겠느냐 하매 저희가 잠잠하여 말이 없기로』 (5:6-8)

문제의 원인을 생각해야 합니다.

원인이 제거되지 않으면 문제는 언제나 다시 일어난답니다.

느헤미야는 문제의 원인인 가진 사람들의 잘못을 알고
문제를 풀어가고 있는 거였지요.
우리도 생긴 문제를 덮어두지 말고 제거해야 합니다.
하나님도 인생의 문제를 해결하기 위해
문제의 원인이었던 걸 제거하시는 일을 하셨잖아요.
죄 문제 말입니다.

느헤미야의 호된 책망을 잘 받아들이는 귀인들과 민장들입니다.
칭찬할만 한 일이네요.
사람은 자신의 일을 어떻게 하든지 합리화시키고 변명하려 하는데
이 사람들은 잘못을 인정했답니다.
그게 성숙한 사람의 인격이지요.
우리들도 각오해야지요.
혹 우리의 삶 속에서 나의 잘못을 듣게 될 때
변명하지 말고 인정하면서 삶을 새롭게 하자구요!

"당신들의 행동이 얼마나 잘못되었는지나 아시오? 당신들이 그런 행동을 하면 이방사람들이 누굴 욕하는지 아시오? 우리가 섬기는 하나님을 욕한단 말이요. 하나님을 욕한다구!"

느헤미야의 말은 거칠었고 단단히 화가 나 있는 목소리였습니다. 그의 말은 계속 되었습니다.

'이보시오들, 내 식구들도 그런 일을 했다면 이젠 그칠 것이고 당신들

도 곡식을 꿔 주었다면 적어도 이자만은 받지 말기로 합시다. 그래야 우리 민족이 살 수 있는 거요. 혹 이자를 받은 사람들이 있거든 밭이건 포도원이건 감람원이건 돈이건 곡식이건 포도주이건 기름이건 간에 1/100은 도로 돌려보내시오. 그리고 이후부터는 이자를 받지 말아 어려운 시기를 함께 넘기자는 겁니다."

귀인들과 민장들은 느헤미야의 말을 듣고 순순히 받아들였습니다. 먹을 것을 주고 담보로 사람을 종으로 삼았던 사람들은 사람을 돌려보내기로 했습니다. 더 이상의 어떤 것도 요구하지 않겠다고들 말하면서 돌려보내겠다는 겁니다. 느헤미야는 제사장들을 불러서 그들이 말한 약속의 증인이 되게 했습니다.

"고맙소. 당신들이 그런 결정을 내려줘서 감사하오. 이제 제사장들 앞에서 맹세하였으니 만일 말만 하고 실천하지 않는 사람이 있다면 하나님께서 그 사람에게 저주 하실 것이요. 집안을 망하게 하실 것이고 하는 산업도 망하게 하실 것이요."

느헤미야의 다짐에 귀인들과 민장들이 고개를 끄떡인 것은 물론이고 듣고 있던 많은 사람들이 큰 소리로 아멘을 하면서 박수를 쳤답니다. 아니 얼마나들 기뻐했는지 하나님을 찬송하였지요. 귀인들과 민장들은 곧바로 자신들이 말한 것을 실천했답니다.

『내가 또 이르기를 너희의 소위가 좋지 못하도다 우리 대적 이방사람의 비방을 생각하고 우리 하나님을 경외함에 행할 것이 아니냐 나와 내 형제와 종자들도 역시 돈과 곡식을 백성에게 취하여 주나니 우리가 그 이식 받기를 그치자 그런즉 너희는 오늘이라도 그 밭과 포도원과 감람원과 집이며 취한바 돈이나 곡식이나 새 포도주나 기름의 백분지 일을 돌려보내라 하였더니 저희가 말하기를 우리가 당신의 말씀대로 행하여 돌려보내고 아무 것도 요구하지 아니하리이다 하기로 내가 제사장들을 불러 저희에게 그 말대로 행하리라는 맹세를 시키게 하고 내가 옷자락을 떨치며 이르기를 이 말대로 행치 아니하는 자는 하나님이 또한 이와 같이 그 집과 산업에서 떨치실지니 저는 곧 이렇게 떨쳐져 빌지로다 하매 회중이 다 아멘 하고 여호와를 찬송하고 백성들이 그 말한 대로 행하였느니라』(5:9-13)

기득권 가진 사람이 기득권을 포기하는 것이
문제 해결의 비결입니다.
그러나 대부분의 경우 기득권을 가진 사람들은
자신은 그대로 있고 다른 사람이 바뀌기를 바라지요.
그렇기에 문제가 해결되지 않는 거랍니다.
유다의 귀인들과 민장들
잘못을 인정하는 것도 대단한 일인데
자신들의 기득권을 포기하는 모습이 너무도 존경스럽습니다.
그런 사람들 때문에
무너진 성벽이 멋지게 준공될 수 있었던 거지요.

내 인생 속에서도 아름다운 회복을 바란다면

잘못을 인정하는 것은 물론이고 가지고 있는 기득권을 포기하세요.
가지고 있는 그걸 놓으면 당신의 문제는 물론
모두의 문제가 해결된답니다.

❺ 느 5:14-19
명령하는 자가 아니라 본을 보이는 겁니다

"여러분들, 나는 바사 제국의 총리이면서 예루살렘 성벽 중건을 위해 유다 총독직을 겸하고 있는 사람이요. 나는 제국으로부터 일체의 생활비를 받아 살고 있소이다. 그러나 지금 이 땅의 어려움과 또 성벽 중건의 비용을 충당하기 위해 앞으로 12년 간 받을 나의 총독으로서의 생활비를 모두 내놓으려고 하오. 나의 형제들도 이 돈에 대하여는 전혀 손을 대지 않을 것을 약속하오. 이전에 이 땅을 관할하던 총독들은 백성들의 양식은 물론 포도주와 돈까지도 토색한 걸로 알고 있소이다. 그러나 나는 결코 그런 악한 일을 하지 않을 것이요. 나는 하나님을 경외하는 사람이기 때문이요. 땅도 사지 않을 것이요. 오히려 무너진 성벽을 중건하는 일에 여러분과 함께 최선을 다할 것이고 여러분과 함께 희생할 것이요."

정말 그랬습니다. 느헤미야는 국가에서 주는 모든 물품과 양식을 성벽 중건하는 사람들을 위해 내놓으면서 희생을 보인 겁니다. 사람들의 눈에도 그의 희생이 보였답니다. 사람들은 느헤미야의 희생을 존경하면서도 염려하는 게 있었습니다. 유다를 관리하는 총독이기에 매일 적어도 150명의 사람들과 식사를 해야 했고 그 외에도 여러 종족들의 지도자들을 만나야 했는데 그 많은 일을 위해 제공된 물품들을 하나도 자신을 위해서는 쓰지 않았기 때문입니다. 백성들은 그것이 더욱 고마웠습니다.

"하나님이시여, 내가 백성들의 사기를 위하여 큰 결심을 하였나이다. 나의 이 행동으로 인해 유다인들이 힘을 얻게 하시고 용기를 얻게 하시옵소서. 당신이 아시는 것처럼 나는 매일 소 한 마리와 여섯 마리 정도의 양을 잡아야 하고 포도주도 상당히 필요하나이다. 그러나 이 모든 것을 백성을 위해 희생하오니 나를 도와주소서."

『내가 유다 땅 총독으로 세움을 받은 때 곧 아닥사스다 왕 이십 년부터 삼십이 년까지 십이 년 동안은 나와 내 형제가 총독의 녹을 먹지 아니하였느니라 이전 총독들은 백성에게 토색하여 양식과 포도주와 또 은 사십 세겔을 취하였고 그 종자들도 백성을 압제하였으나 나는 하나님을 경외하므로 이같이 행치 아니하고 도리어 이 성 역사에 힘을 다하며 땅을 사지 아니하였고 나의 모든 종자도 모여서 역사를 하였으며 또 내 상에는 유다 사람들과 민장들 일백 오십 인이 있고 그 외에도 우리 사면 이방인 중에서 우리에게 나아온 자들이 있었는데 매일 나를 위하여 소 하나와 살진 양 여섯을 준비하며 닭도 많이 준비하고 열흘에 한 번씩은 각종 포도주를 갖추었나니 비록 이같이 하였을지라도 내가 총독의 녹을 요구하지 아니하였음은 백성의 부역이 중함이니라 내 하나님이여 내가 이 백성을 위하여 행한 모든 일을 생각하시고 내게 은혜를 베푸시옵소서』(5:14-19)

역경을 견디는 사람도 대단합니다.
그러나 번영에서 넘어지지 않는 사람은 더 위대한 겁니다.
그보다 더 존경스러운 건
번영을 다른 사람 위해 사용하고 있는 사람입니다.

번영은 하나님이 주신 또 다른 축복이지요.
그걸 누리는 사람이 아니라 사명으로 사용할 줄 알아야 합니다.
그러기 위해서는 번영을 주신 분이 누구인지를 잊지 마시구요.
번영을 주신 분이 무얼 기뻐하시는 지를 생각해야 하는 거랍니다.
느헤미야가 말했습니다.
"나는 하나님을 경외하므로..."
우리도 말하자구요.
"나는 하나님을 경외하기 때문에... 이렇게 사는 겁니다"라고.

번영의 때에 자만하기 쉽답니다.
번영의 때에 다른 사람들이 굽실거려 주기를 기다리지요.
번영의 때 미래를 준비한답시고

자기 배를 채우기에 바쁠 수 있습니다.
번영의 때에 자기주장을 하기가 쉽습니다.
번영의 때에 사람을 무시하기가 쉽습니다.

자기에게 주어진 번영을 잘 다스리는 자가 승자랍니다.
번영을 섬김의 도구로 사용하는 사람이 훌륭한 사람이랍니다.
번영을 가지고 하나님의 일을 하는 사람이 멋진 사람이랍니다.
번영을 하나님의 은혜라고 말하는 사람이
아름다운 사람이랍니다.

❻ 느 6:1–9

사탄이 하는 일은 쫀쫀하답니다

방해꾼과 원수들의 음모와 계략 가운데서도 성벽 중건은 쉬지 않고 진행되었습니다. 성벽 중건을 시작한 지가 한 달 조금 넘었는데 벌써 거의 다 완공되어 가고 있었습니다. 이젠 성문의 문짝만 달면 완공되는 겁니다. 일하는 사람이나 파수하는 사람들은 거의 완공 되어가는 성벽을 보면서 조금만 고생하면 일이 끝나겠다고 생각하며 감격하고 있었지요.

성벽의 막바지 공사만을 남겨 두고 있다는 정보가 방해꾼인 산발랏과 도비야, 게셈에게 들어갔습니다. 소식을 들은 이들은 당황했지요. 그렇게 엄청난 소문을 내고 협박과 공갈을 했음에도 불구하고 쉬지 않고 일하여 완공 단계까지 왔다는 말에 기가 찬 거였습니다. 무엇보다 성벽 중건의 선봉인 느헤미야가 죽이고 싶을 정도로 미웠던 겁니다.

"느헤미야를 죽입시다."

산발랏과 도비야와 게셈이 모인 자리에서 하는 대화였습니다.

"어떻게 죽일 수가 있겠소?"

"베냐민 땅 오노에서 만나자고 하여 그곳에서 쥐도 새도 모르게 죽이는 거지요."

"올까?"

"오도록 해야지. 일단은 그가 바사 왕궁의 술 맡은 직책이 총리급 아니요? 그러니 그만한 대접을 하겠다고 하면 되는 것이고, 또 하나는 이곳 정세에 대하여 담화를 나누자고 하면서 불러내면 되는 게 아니겠소?"

"그래도 안 온다면 어떻게 하나?"

"끝까지 해 보는 겁니다. 열 번 찍어서 안 넘어가는 나무가 어디 있겠소."

정말 그랬습니다. 어떤 사람이 긴장을 풀지 않고 일하고 있는 느헤미야에게 산발랏의 전갈을 가지고 왔다고 하면서 찾아온 겁니다. 물론 내용은 오노 평지에서 만나자고 하는 것이었죠.

"총독 어르신, 산발랏과 도비야 그리고 게셈께서 총독 어르신을 뵈옵고자 하십니다. 이곳에 오신 후 개인적으로 대접할 기회가 없으셨다고 하시면서 사심 없는 만남을 갖고 싶다 하셨습니다. 오노 평지에 좋은 자리를 마련해 둘 것이니 꼭 오십시오."

느헤미야는 산발랏이 보낸 사람의 말을 듣고는 사람을 보내 답을 했습니다.

"느헤미야 총독의 말씀입니다. 지금은 성벽을 중건하는 큰 일로 인해 어떤 초청에도 응하실 수가 없다 하셨습니다. 총독께서는 성벽 중건을 완성하는 일이 끝나기 전에는 어떤 것도 그보다 중요한 것으로 여길 수 없다 하셨습니다."

산발랏을 비롯하여 느헤미야를 죽일 계획을 한 사람들은 당황스러웠습니다. 정중하게 모시면(?) 나올 줄 알았던 느헤미야가 자신들의 초대를 거절한 겁니다. 그러나 포기하지 않았습니다. 아니 포기할 수 없었습니다. 그래서 또 사람을 보내고 또 보냈답니다. 그러나 느헤미야의 대답은 변함 없었습니다.

『산발랏과 도비야와 아라비아 사람 게셈과 그 나머지 우리의 대적이 내가 성을 건축하여 그 퇴락한 곳을 남기지 아니하였다 함을 들었는데 내가 아직 성문에 문짝을 달지 못한 때라 산발랏과 게셈이 내게 보내어 이르기를 오라 우리가 오노 평지 한 촌에서 서로 만나자 하니 실상은 나를 해코자 함이라 내가 산발랏이 보낸 편지, 봉해지지 않은 편지를 받은 느헤미야는 황당했습니다. 내용이 황당하기도 했습니다만 그 편지가 봉해지지 않은 것으로 인해 심란한 거였습니다. 편지를 갖고 온 사람이 읽었다면 난감했기 때문이었지요. 그러나 당황해 하지도 않았고 초조해 하지도 않았습니다. 아주 침착하게 답을 보냈습니다.

"가서 이 편지를 보낸 사람에게 이르시오. 이 편지의 내용은 있지도 않은 일이며 오히려 지어낸 이야기요, 음모일 뿐이라고 분명히 말하시오."

그랬습니다. 느헤미야에게 겁을 주기 위한 것이었고 느헤미야와 함께 성벽을 중건하고 있는 모든 사람들의 마음에 두려움을 주어 일을 하지 못하도록 하기 위한 음모였던 겁니다. 느헤미야는 산발랏에게 음모를 지어내지 말라는 말과 함께 하나님을 향하여 기도하였답니다.

"하나님, 나를 도와주시옵소서! 내 손을 힘 있게 하옵소서!"

『내가 보내어 저에게 이르기를 너의 말한바 이런 일은 없는 일이요 네 마음에서 지어낸 것이라 하였나니 이는 저희가 다 우리를 두렵게 하고자 하여 말하기를 저희 손이 피곤하여 역사를 정지하고 이루지 못하리라 함이라 이제 내 손을 힘 있게 하옵소서 하였노라』(6:8-9)

소문에 귀를 기울이지 마세요.
소문에 귀를 기울이면 마음이 흔들린답니다.
마음이 흔들리면 집중을 할 수 없답니다.

집중하지 못하면 주님 원하시는 일을 하지 못하게 되는 겁니다.

소문이 나를 죽이려는 것일 때는 정말 참기 어렵습니다.
그래서 화가 난답니다.
화가 나면서 부산을 떨기 시작한답니다.
정신을 잃게 되고 아무 일도 손에 잡히지 않게 되지요.
그러지 마세요.
의연해 지려고 노력하고 의연하세요.
해야 하는 일에 방해가 되지 않도록 마음을 굳게 먹어야 합니다.
그리고 하나님께 억울한 일을 고하고 도움을 간구하는 겁니다.
"하나님, 내게 소문을 이길 힘을 주시옵소서!"라고.

사탄의 소문으로 인해 큰 손해를 볼 수 있습니다.
오해를 받기도 하고 평판이 나빠질 수도 있습니다.
그러나 그리스도인은 의연해야 합니다.
우린 사람들에게 오해를 받느냐 하는 것보다
주님이 어떻게 보고 계시느냐 하는 것이 더 중요한 사람들이거든요.
사람들의 평판보다는 주님의 위로가 더 중요한 사람들이거든요.
주님 때문에 억울한 일들을 이겨낼 수 있고
조금만 잘 견디면
주님이 주시는 승리를 맛볼 것이기 때문입니다.

❼ 느 6:10-14

믿었던 사람이 뒤통수를 치다니...

느헤미야에게 좋은 친구가 있었습니다.

어려울 때 속을 털어 놓을 수 있는 사람이었고 고민도 털어 놓곤 했지요. 함께 있으면 좋았던 사람입니다. 하루라도 보지 않으면 보고 싶은 친구였습니다. 느헤미야가 하는 일을 위해 조언은 물론 기도까지도 열심히 해 주던 친구였습니다. 모든 사람이 느헤미야와 이 사람과의 관계를 아름답게 여겼답니다. 그의 이름은 스마야였지요. 할아버지는 므헤다벨이었고 아버지는 들라야였습니다. 하여간 스마야는 느헤미야에겐 둘도 없는 소중한 존재였답니다. 무엇보다 스마야는 성전에서 살다시피 하는 선지자로 불렸답니다.

하루도 빠지지 않고 성벽 중건 현장에 나타나곤 했던 스마야가 며칠째 나타나지를 않았습니다. 일하는 사람들도 스마야의 모습이 보이지 않자 궁금해 하고 있었지만, 느헤미야에겐 속이 타는 일이었습니다. 몸이 아파도 꼭 들러서 격려하고 위로하곤 했는데, 아무런 소식 없이 며칠이 지나도 나타나지 않는 거였습니다. 사람들은 느헤미야를 걱정했습니다. 스마야가 며칠째 나타나지 않는 것으로 얼마나 궁금해 하고 마음이 아플까 하는 염려였지요.

"이보게 느헤미야, 이곳 현장은 잠시 비워두고 스마야에게 다녀오구려. 매일 나타나던 스마야가 오질 않으니 우리도 궁금한데 자네야 얼마나 궁금하겠는가? 이곳 걱정은 말고 얼른 다녀와. 우리도 궁금해서 그래."

사람들은 느헤미야의 마음을 알고 스마야에게 다녀오도록 했지요.

느헤미야는 하던 일을 맡기고 스마야의 집으로 달려갔습니다. 그런데 생각과는 달리 스마야는 멀쩡했습니다. 그리고 스마야 혼자 있는 것이 아니라 여선지자 노아댜를 비롯하여 몇몇 선지자가 함께 있었습니다. 뭔가가 이상한 분위기였답니다. 그러나 느헤미야는 오랜 만에 보는 얼굴이기에 안부를 물었지요.

"이보게, 무슨 일이 있었던 거야? 어째 자네가 보이지를 않아 궁금해서 달려 왔다이. 현장에서 일하는 사람들도 무척이나 궁금해 하고 있구. 그래 무슨 일이 있었는감?"

"일? 일이 있었지. 내 자네가 하는 일을 얼마나 귀중히 여기는지 자네도 알지? 자네가 성벽을 중건한다 하기에 얼마나 반가왔는지 모른다이. 이 성벽을 중건하는 일은 자네 아니면 누구도 할 수가 없어. 자네는 이스라엘에 보배와 같은 존재라네. 그런데 사람들이 나에게 준 정보가 있다이. 그 정보가 사실인지 아닌지를 확인하고 조사해야겠기에 며칠을 자네에게 가질 못한 것이라이."

"무슨 정보아? 어서 말해 보게나."

"자네 내 말을 꼭 따라야 해! 산발랏과 도비야과 게셈을 비롯한 악당들이 있지 않은가? 성벽 중건을 방해하는 놈들 말이야. 그 놈들이 자네를 죽이려고 하고 있어. 내가 조사한 걸로는 아주 치밀하게 자넬 없앨 계획을 세워 놓은 걸세."

느헤미야는 스마야의 진지한 말을 들으면서 가슴이 메이는 것 같았습니다.

"이보게 느헤미야, 나와 함께 성전으로 가세나. 그곳에 가면 외소가 있는데 아무나 들어갈 수 있는 곳이 아니야. 그곳에 가서 문을 잠그고 숨어 있어야 해! 그렇지 않으면 밤에 자네를 쥐도 새도 모르게 죽일 거야. 이건 나만이 찾아낸 저들의 음모야. 내가 자네를 돕지 않으면 누가 자네를 돕겠는가?"

스마야의 말을 듣고 있던 여선지자 노아댜와 여러 선지자들도 합세해서 말하는 거였습니다.

"사실 우리가 느헤미야께서 하시는 일을 위해 늘 기도하곤 했는데 기도 중에 우리 모두가 동일하게 하나님의 음성을 들었습니다. 오늘 밤 성전에 숨지 않으면 죽임을 당할 것이라는 계시를 받은 겁니다."

느헤미야는 스마야의 진지한 말에 너무도 고마웠습니다. 정말 귀한 친구라는 생각에 감동하고 있었지요. 또한 자신을 위해 기도하다가 계시를 받은 선지자들도 얼마나 고마웠는지 모릅니다. 그렇지만 스마야의 친절과 염려가 아무리 고맙다 하더라도 그리고 선지자들이 받은 계시가 있다 하더라도 이 상황에서 하나님이 원하시는 것이 무엇인지를 잠깐 생각하지 않을 수가 없었지요. 그러더니 스마야의 권유와는 전혀 다르게 대답을 했답니다.

"이보게 스마야, 그리고 선지자들, 여러분들의 염려해 줌에 너무도 고맙구려. 그런데 저들이 나를 죽이기로 했다면 내가 성전에 숨는다 하여 나를 찾아내지 못하겠는감? 아마도 성전 구석구석을 다 뒤져서라도 찾아 낼 걸세. 내가 일하는 현장에서 저들에게 표적이 되어 죽게 된다 하더라도 할 수 없는 일이지. 친절은 고맙네만 난 숨지 않을 걸세. 밤낮 쉬지도 못하고 일하고 있는 내 동포들과 함께 있을 걸세. 아무튼 날 걱정해 주는 건 자네들뿐인 것 같구먼. 정말 고마우이."

느헤미야는 스마야와 선지자들의 친절을 거절하고 다시 성벽 중건 현장으로 돌아왔답니다. 그런데 이상한 건 스마야가 산발랏과 도비야와 자주 만난다는 이야기가 들려 온 거였습니다. 결국 나중에 안 일이지만 스마야가 산발랏과 도비야에게 뇌물을 받고 여선지자 노아다와 몇 선지자들과 함께 거짓 예언을 하여 느헤미야로 하여금 혼자 살겠다고 성전에 숨는 비겁자로 만들어 현장에서 일하는 사람들에게 버림받게 하려는 계책이었던 거였지요.

느헤미야는 속이 상했습니다. 아니 그리도 믿었던 친구 스마야의 배신에 너무 가슴이 아팠던 겁니다. 자신의 아픔과 두려움과 염려들을 다 털어 놓고 마음을 주었는데 그가 뒤통수를 친 거였습니다.

"하나님, 나를 도와주시옵소서. 도비야와 산발랏을 기억하옵소서. 여선지자 노아다와 그와 함께 한 선지자들의 소위를 기억하옵소서. 나를 두렵게 하고자 한 저들을 기억하옵소서!"

느헤미야는 아픈 가슴을 안고 기도했습니다만 정작 사랑했던 친구 스마야의 이름은 말할 수가 없었답니다.

『이후에 므헤다벨의 손자 들라야의 아들 스마야가 두문불출하기로 내가 그 집에 가니 저가 이르기를 저희가 너를 죽이러 올 터이니 우리가 하나님의 전으로 가서 외소 안에 있고 그 문을 닫자 저희가 필연 밤에 와서 너를 죽이리라 하기로 내가 이르기를 나 같은 자가 어찌 도망하며 나 같은 몸이면 누가 외소에 들어가서 생명을 보존하겠느냐 나는 들어가지 않겠노라 하고 깨달은즉 저는 하나님의 보내신 바가 아니라 도비야와 산발랏에게 뇌물을 받고 내게 이런 예언을 함이라 저희가 뇌물을 준 까닭은 나를 두렵게 하고 이렇게 함으로 범죄하게 하고 악한 말을 지어 나를 비방하려 함이었느니라 내 하나님이여 도비야와 산발랏과 여선지 노아댜와 그 남은 선지자들 무릇 나를 두렵게 하고자 한 자의 소위를 기억하옵소서 하였노라』(6:10-14)

나를 편하게 해 주는 것이 사랑이 아닙니다.
나의 생명을 조금 더 연장하는 데 도움을 주는 것이
사랑이 아닙니다.
나를 불편하게 하더라도
하나님의 사람으로 살게 하는 것이 참 사랑이지요.
그렇기에 수많은 친절과 사랑의 말들에 대하여
지혜로운 판단이 꼭 필요하답니다.
많은 경우 당장의 편리함 때문에
정말 중요한 것을 잃어버릴 때가 있답니다.
느헤미야는 편리함보다
지금 하나님이 원하시는 것이 무엇인지를 생각하고 따랐더니
위기에서 벗어난 겁니다.
돈에 팔려 친구를 배신한 사람 스마야.

가룟 유다는 자신의 선생 예수까지 팔았습니다만...

어떤 사람은 자리(position) 때문에 배신을 하기도 합니다.

별별 종류의 배신자들이 다 있습니다.

물론 이유도 있구요.

이유 없는 무덤이 있겠습니까마는

배신자라는 건 참 기분 나쁜 호칭이네요.

사탄이 자기 졸개들에게 내린 명령입니다.

'하나님 일하는 사람들로 하여금 비겁자가 되게 하라.'

'하나님의 일을 막기 위하여

하나님의 사람들을 사람들에게 죄인 취급 받도록 하라.'

'그래서 온 세상 사람들에게 비방거리가 되게 하라.'

8 느 6:15-19

계속되는 음모가 있다 할지라도

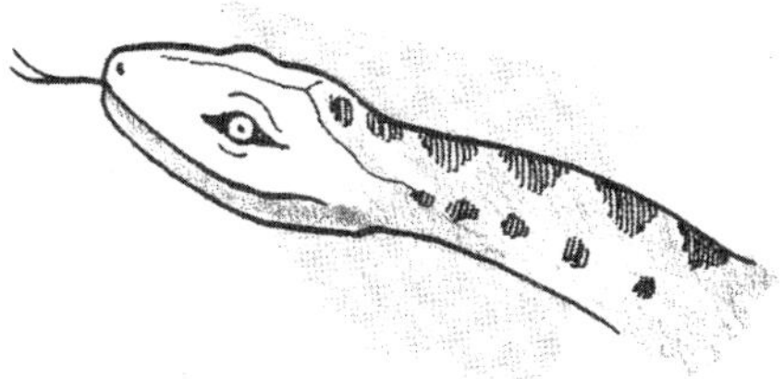

공갈, 협박, 음모... 끊임이 없었습니다.

그러나 느헤미야도, 그와 함께 일하는 사람들도 견고했습니다. 흔들리지 않았습니다. 계속했답니다. 그랬더니 성벽이 완전히 중건되었답니다. 그 엄청난 공사가 52일 만에 완공된 겁니다.

산발랏도 도비야도 게셈도 아라비아 사람들도... 모두가 뭉쳐서 방해하고 못하게 했는데... 체면까지 다 버리면서 막으려고 했는데, 성벽이 완전히 중건된 겁니다. 미칠 것 같았답니다. 겁이 나기도 했습니다. 창피하기도 했습니다.

『성 역사가 오십이 일 만에 엘룰 월 이십오 일에 끝나매 우리 모든 대적과 사면 이방 사람들이 이를 듣고 다 두려워하여 스스로 낙담하였으니 이는 이 역사를 우리 하나님이 이루신 것을 앎이니라』(6:15-16)

힘들기 마련입니다.
방해가 있기 마련입니다.
속상한 일이 생기기 마련입니다.
그런 것이 어떤 종류의 일이냐 하는 것도 중요하지만
정말 중요한 건
그럼에도 불구하고 끝까지 계속하느냐 하는 겁니다.

하나님은 끝까지 해 나가는 사람에게
순간순간 필요한 만큼의 은혜를 주신답니다.
그 하루의 은혜를 가지고 승리하고
그것이 연결되면 하나님이 계획한 일이 이루어 진 걸
보게 되는 거지요.
그리스도인에게 중요한 건
어떤 일을 부여 받았느냐 하는 것이 아니라
끝까지 하는가 하는 거랍니다.

성도의 승리는
방해꾼들을 낙담하게 합니다.
구경꾼들을 놀라게 합니다.
하나님의 살아계심을 인식하게 합니다.

좌로나 우로나 치우치지 말고 끝까지 해 보세요.
어려움이 있어도 하나님이 보고 계심을 생각하며
끝까지 하는 겁니다.
그리고 승리를 얻어
세상을 놀라게 하고 하나님께 영광을 돌리는 겁니다.

산발랏과 도비야의 거센 방해 공작은 직접 느헤미야에게 하기도 했지만, 저들의 음모는 일반 유다 사람들을 일일이 찾아가 느헤미야를 악한 사람으로 말했고 또 느헤미야의 하는 일을 막아야 한다고 설득하기도 했었습니다. 편지가 오간 것은 말할 것도 없구요. 심지어 도비야라는 사람은 유다의 귀인들과 사돈 관계를 맺고 있었기에 유다의 많은 사람들을 포섭하여 느헤미야의 성벽 중건을 방해하게 했던 겁니다. 도비야의 성벽 중건 방해 공작이 많은 사람들에게 비난을 받자, 도비야와 관계를 맺고 있던 사람들은 도비야는 아주 좋은 사람이라고 하면서 그를 두둔하기도 했답니다. 어떤 사람들은 중간에 서 있는 사람도 있었습니다. 도비야의 못된 행위를 알면서도 느헤미야와 도비야 사이를 오가면서 중재 역할을 하려는 사람도 있었지요.

『그 때에 유다의 귀인들이 여러 번 도비야에게 편지하였고 도비야의 편지도 저희에게 이르렀으니 도비야는 아라의 아들 스가냐의 사위가 되었고 도비야의 아들 여호하난도 베레갸의 아들 므술람의 딸을 취하였으므로 유다에서 저와 동맹한 자가 많음이라 저희들이 도비야의 선행을 내 앞에 말하고 또 나의

말도 저에게 전하매 도비야가 항상 내게 편지하여 나를 두렵게 하고자 하였느니라」(6:17-19)

악한 사람들은 자신들의 목적을 위해
편지를 보낸답니다.
많은 경우 이름을 밝히지 않고 보내지요.
자신들의 하는 짓이 떳떳하지 않음을 양심이 말하고 있기에
이름을 밝히지 않고 나쁜 내용의 글을 보낸답니다.
나쁜 사람들이지요.

어떤 악한 행위는 자신과 친분이 있는 사람을 챙깁니다.
선물도 주고 밥도 사주면서 괜히 친한 척하고 관심 있는 척하지요.
그러면서 그 자리에서 자신이 계획하는 못된 일을 말하고
자신이 하는 일에 반기를 들 수 없도록 관계를 맺어 놓는 겁니다.
아니 자신이 하는 일이 악한 것이 드러난다 해도
자신을 욕하는 것이 아니라
적어도 침묵이라도 할 수 있게끔 관계를 맺어 놓는 거랍니다.
나쁜 놈입니다.

악한 놈은 다른 사람을 통해
자신이 괜찮은 사람이라고 말하게 합니다.
'그 사람은 그럴 사람이 아니라는 둥', '좋은 일을 많이 한다는 둥'
'진실한 사람이라는 둥' 그런 말을 하게 하는 겁니다.
자신에 대한 그런 거짓 평판을 만들어서 그걸 가지고

하나님의 일을 막는 데 사용한답니다.

악한 놈입니다.

악하다는 것은 잘못이 많다는 것이 아닙니다.

음모를 계획하고 꾸미고

그런 일을 부끄러워 할 줄 모른다는 겁니다.

자신이 하는 일이 정의를 위한 일이라고 주장합니다.

예수님 당시에 대제사장이 그랬습니다.

바리새인과 서기관들이 그랬습니다.

음모를 꾸몄고 그러면서도 양심의 가책조차 받지 않았으며

오히려 그걸 정의를 위하는 것이고 민족을 위하는 것이고

하나님을 위하는 것이라고 강조했던 겁니다.

저들은 미운 예수를 죽이기 위해

순진한 사람들을 만났고 그들에게 돈을 주면서

마음을 도적질했으며

자신들의 종교적 감투를 이용해서

사람들로 하여금 자신들의 말을 믿게 했습니다.

사람들이 믿지를 않자 거짓 증거들을 만들어 보여주면서

예수를 죽이는 일이 하나님을 위한 일, 민족을 위한 일,

공동체를 위한 일이라고 설득한 겁니다.

악이란 그렇게 계획되어 진행되는 것을 말하는 거지요.

오늘도 그런 일이 교회 속에서 진행되고 있다는 것이

우리를 슬프게 합니다.

유다의 귀인들의 어정쩡한 모습이 보입니다.
자신들의 기득권을 유지하기 위해서였는지는 몰라도
도비야 편에 서 있기도 하고 느헤미야 편에 서 있기도 하네요.
곤란한 점이 있겠거니 하면서 이해해 보려고 합니다만
분명 옳은 일을 하자고 하는
느헤미야의 마음을 헤아리지 못하는
답답함이 있습니다.

어정쩡하다는 것은 기회주의자라는 겁니다.
이득이 되는 곳에 발을 들여놓겠다는 겁니다.
세상을 살 때 그런 기술이 필요할지 모르겠습니다만
하나님의 일을 할 땐 이해를 따지면 안 됩니다.
우린 주님이 기뻐하시는 일에
마음과 헌신이 가야 하는 사람이니까요.

❾ 스 4:6-23
삽입

느헤미야의 성벽 중건을 방해하기 위한 일은 예루살렘 근방에서만 일어난 것이 아니었습니다. 산발랏과 도비야는 자신들이 알고 있는 정치적 힘을 가진 고위층 사람들에게 찾아가 성벽 중건 문제를 정치적인 일로 확대 해석하게 하여 바사 제국 왕의 이름으로 성벽 중건을 막도록 하기도 했었던 겁니다. (그 내용이 에스라서에 기록되어 있습니다.)

아닥사스다 왕에게 성벽 중건 문제로 글을 올린 사람은 비슬람, 미드르닷, 다브엘이라는 사람과 그 측근들이었고, 그 글을 받아 왕에게 전달한 사람은 제국의 장관격인 르훔과 서기관 심새라고 하는 사람이었습니다. 이들의 글은 아람글로 되어 있었는데 내용은 성벽 중건의 부당성에 대한 고소장과 같은 거였지요.

왕에게 고소하는 고소장에는 무시할 수 없는 막강한 권력자들의 이름이 줄줄이 적혀 있었고, 여러 민족들이 고소에 동의 한다는 서명이 있었습니다. 누가 보더라도 아닥사스다 왕도 어쩔 수 없이 고소장을 받아들일 수밖에 없겠구나 하는 이름들이었습니다.

고소인:
방백 르훔, 서기관 심새, 그의 측근 디나 사람, 아바삿 사람, 다블래 사람, 아바새 사람, 아렉 사람, 바벨론 사람, 수산 사람, 데해 사람, 엘람 사람, 오스납발, 사마리아 사람, 강 서편 사람

에스라 4장 7-23절

에스라 4장 7-23절을 성전 건축 때 일어난 사건으로 보지 않고 느헤미야 성벽 중건 때 일어난 사건으로 보는 이유가 있습니다. 첫째는 (스룹바벨) 성전 건축 때는 아닥사스다 왕 시대가 아닌데 아닥사스다 왕의 이름이 거론되고 있다는 겁니다. 두 번째는 본문 중에 성전 건축에 관한 것을 문제 삼는 것이 아니라 성(城) 건축을 문제 삼고 있다는 겁니다. 세 번째는 본문은 정치적인 문제로 왕에게 공사 중단을 요구하고 있고 왕은 그 문제로 인해 중단을 명하고 있다는 겁니다. 성전 건축 문제였다면 종교적인 문제이므로 바사 제국에서 정책적으로 막지 않았을 것이니까요. 그러므로 본문에 나와 있는 내용들은 성전 건축을 방해하기 위한 사건이 아니라 성벽 건축 방해를 위한 정치적인 음모를 소개하는 것이라 생각됩니다.

고소 내용:

아닥사스다 왕이여,

우리는 전하와 제국의 은총을 입어 바벨론이 시작될 때부터 이곳에 이주하여 삶의 터전을 만든 사람들이옵니다. 그런데 유다인들이 예루살렘에 이르기 시작하더니 이젠 자신들의 땅이라고 주장하면서 무너진 성을 다시 중건하겠다고 하나이다. 이미 성을 중건하기 위한 작업은 시작이 되어 건축 중에 있나이다.

이들이 성을 중건하고 나면 유다인들은 결코 전하께 조공을 비롯한 여러 가지 세금들을 바치지 아니할 것이 분명하옵니다. 그렇게 되면 전하께 얼마나 손해가 되겠는지요.

우리는 전하께서 내리시는 소금을 먹으며 은총을 입고 있사온데 전하에게 이런 손해가 있을 것을 차마 보고만 있을 수가 없기에 고하나이다.

전하, 신(臣)들의 말에 신중함을 위하여 유다인들이 세우고자 하는 예루살렘 성이 얼마나 전하와 이 제국에 폐를 끼치는 성(城)인 줄 아실 것이나이다. 예루살렘 성은 항상 제국에 반기를 드는 성이었고 제국의 각 도에도 손해를 끼치는 성이었나이다. 사실 그런 악한 이유로 인해 예루살렘 성이 훼파된 것이옵니다.

이제 감히 전하께 고하오니 이 예루살렘 성 중건하는 것을 막아 주시옵소서. 만일 이 성이 중건된다면 이 성으로 인해 제국의 서편 땅은 없어지게 될 것이옵니다.

『아닥사스다 때에 비슬람과 미드르닷과 다브엘과 그 동료들이 바사 왕 아닥사스다에게 글을 올렸으니 그 글은 아람 문자와 아람 방언으로 써서 진술하였더라 방백 르훔과 서기관 심새가 아닥사스다 왕에게 올려 예루살렘 백성을 고소한 그 글에 방백 르훔과 서기관 심새와 그 동료 디나 사람과 아바삿 사람과 다블래 사람과 아바새 사람과 아렉 사람과 바벨론 사람과 수산 사람과 데해 사람과 엘람 사람과 기타 백성 곧 존귀한 오스납발이 사마리아 성과 강 서편 다른 땅에 옮겨 둔 자들과 함께 고한다 하였더라 아닥사스다 왕에게 올린 그 글의 초본은 이러하니 강 서편에 있는 신복들은 왕에게 고하나이다 왕에게서 올라온 유다 사람들이 우리의 곳 예루살렘에 이르러 이 패역하고 악한 성읍을 건축하는데 이미 그 지대를 수축하고 성곽을 건축하오니 이제 왕은 아시옵소서 만일 이 성읍을 건축하며 그 성곽을 마치면 저 무리가 다시는 조공과 잡세와 부세를 바치지 아니하리니 필경 왕들에게 손해가 되리이다 우리가 이제 궁의 소금을 먹는 고로 왕의 수치 당함을 차마 보지 못하여 보내어 왕에게 고하오니 왕은 열조의 사기를 살피시면 그 사기에서 이 성읍은 패역한 성읍이라 예로부터 그 중에서 항상 반역하는 일을 행하여 열왕과 각 도에 손해가 된 것을 보시고 아실지라 이 성읍이 훼파됨도 이 까닭이니이다 이제 감히 왕에게 고하오니 이 성읍이 중건되어 성곽을 필역하면 이로 말미암아 왕의 강 서편 영지가 없어지리이다 하였더라』(스 4:7–16)

아닥사스다 왕은 고소장을 보고 마음이 무거웠습니다. 그러나 자신의 권력을 지탱하기 위해서는 저들의 고소를 무시할 수 없었지요. 결국은 왕도 고소하는 사람들의 비위를 맞출 수밖에 없었답니다.

방백 르훔과 서기관 심새와 사마리아에 거한 사람들과
강 서편의 모든 사람들에게 고하노라.
너희에게 평안이 있기를 원하노라.
짐이 그대들이 올린 고소장을 받아 낭독케 하여 들었나니 과연 그 성읍은 예로부터 열왕들을 거역한 성이었음을 발견하였노라. 또한 모반하는 일이 계속된 성읍이었으며 그 성읍에는 왕이 있어서 그 성읍에 있는 왕에게만 세금을 바친 것을 확인하였도다. 이제 너희들의 고소에 따라 성읍 건축하는 일을 그치게 하려 하니 짐의 다른 명이 있을 때까지 성벽 중건하는 일을 그치게 할지어다. 이 일에 게으르지 말아서 제국에 손해가 없게 하라.

아닥사스다 왕

음모꾼들의 음모가 왕에게 먹혀들어간 겁니다. 왕의 조서를 받은 르훔과 심새와 동료들은 고소한 사람들 앞에서 왕의 의중이 적힌 조서를 읽었지요. 권력의 힘이 얼마나 대단한지를 실감 하였답니다. 그리고는 온 힘을 다해 예루살렘으로 달렸습니다. 느헤미야와 그의 사람들이 중건하고 있는 예루살렘 사역을 그치게 해야 했기 때문입니다.

『왕이 방백 르훔과 서기관 심새와 사마리아에 거한 저희 동료와 강 서편 다른 땅 백성에게 조서를 내리니 일렀으되 너희는 평안 할지어다 너희의 올린 글을 내 앞에서 낭독시키고 명하여 살펴보니 과연 이 성읍이 예로부터 열왕을 거역하며 그 중에서 항상 패역하고 모반하는 일을 행하였으며 옛적에는 예루살렘을 주재하는 큰 군왕이 있어서 강 서편 모든 땅도 주재하매 조공과 잡세와 부세를 저에게 다 바쳤도다 이제 너희는 명을 전하여 그 사람들로 역사를 그치게 하여 그 성을 건축지 못하게 하고 내가 다시 조서 내리기를 기다리라 너희는 삼가서 이 일에 게으르지 말라 어찌하여 화를 더하여 왕들에게 손해가 되게 하랴 하였더라 아닥사스다 왕의 조서 초본이 르훔과 서기관 심새와 그 동료 앞에서 낭독되매 저희가 예루살렘으로 급히 가서 유다 사람들을 보고 권력으로 억제하여 그 역사를 그치게 하니」(스 4:17-23)

방해꾼들은 성벽 중건을 정치적인 문제로 만들어
소기의 목적을 달성했습니다.
그럼에도 불구하고 성벽은 완성되었지요.
필자의 생각은 이렇습니다.
아닥사스다 왕의 성벽 중건 중단 명령이
예루살렘까지 도착하는 동안
성벽 중건은 무척이나 빠르게 진행된 것이 아닌가 하는 겁니다.
느헤미야는 산발랏과 도비야가 정치적인 세력들의 힘을 모아
왕의 힘을 빌리려는 걸 알고는 오가는 시간을 생각해
최선을 다해 일하지 않았겠는가 하는 생각입니다.
예루살렘에서 수산 성까지 가고 오는 시간이
걸어서 4-5개월이라면
말을 타고 오가는 시간이라 하더라도
거의 한 달은 걸리지 않을까요?
그런 계산으로 하면 성 중건을 하지 말라고 하는
왕의 명령이 도착했을 때는
이미 성 중건이 완공되었을 때라 생각할 수 있는 겁니다.

⑩ 느 7:1-4

완성된 성을 지켜라

성벽이 올라가고 문짝까지 다 달았습니다. 완전하고 훌륭한 성이었습니다. 이젠 성을 지키는 일도 해야 했습니다. 문을 지키면서 열고 닫으며 성 위에 파수꾼을 두어 적이 오는지를 살피게 했습니다. 성 안의 사람들을 보호하기 위해서였지요.

성의 모든 관할은 느헤미야의 동생 하나니와 예루살렘의 관원이었던 하나냐에게 맡겼습니다. 둘 다 신실한 사람이었고 하나님에 대한 신앙이 남다른 사람들이었습니다.

느헤미야는 성을 관할하는 하나니와 하나냐에게 당분간은 성문을 열되 해가 중천에 뜬 다음에 열 것과 해가 있을 때에 성문을 닫을 것을 부탁했습니다. 아직은 방해꾼들의 방해가 그친 것이 아니기 때문이었지요. 또한 예루살렘 성 안에 거하는 사람들에게는 긴장을 풀지 말고 자기 집을 꼭 지키도록 하게 했답니다. 아직 성 안에는 사람들이 많지 않기에 혹 적군이 쳐들어오면 당할 수밖에 없는 상황이기 때문이었지요. 그러나 얼마 후에 이스라엘 사람들이 성 안으로 들어와 집을 건축하고 살게 되면 그런 일은 하지 않아도 될 것이라 일러 주었답니다.

『성이 건축되매 문짝을 달고 문지기와 노래하는 자들과 레위 사람들을 세운 후에 내 아우 하나니와 영문의 관원 하나냐로 함께 예루살렘을 다스리게 하였는데 하나냐는 위인이 충성되어 하나님을 경외함이 무리에서 뛰어난 자라 내가 저희에게 이르기를 해가 높이 뜨기 전에는 예루살렘 성문을 열지 말고 아직 파수할 때에 곧 문을 닫고 빗장을 지르며 또 예루살렘 거민으로 각각 반차를 따라 파수하되 자기 집 맞은편을 지키게 하라 하였노니 그 성은 광대하고 거민은 희소하여 가옥을 오히려 건축하지 못하였음이니라』(7:1-4)

무너졌던 성을 중건하는 일도 어렵고 중요한 일입니다만
다시 세운 성이라면 이젠 지켜야 하는 겁니다.
원수는 항상 다시 무너뜨리려고 쉬지 않고 노리고 있기 때문이지요.
그러므로 깨어 있어야 하는 겁니다.
파수꾼을 두어야 하는 겁니다.
기도로 깨어 있어야지요.
찬송하며 깨어 있어야 하는 겁니다.
하나님의 말씀으로 파수해야 하는 거랍니다.

주님의 일에 열심을 내면서
사탄에게 틈을 주지 않아야 하는 거랍니다.

하나니와 하나냐(한 사람은 느헤미야의 동생이고 한 사람은 관리)
두 사람 다 하나님을 신실하게 경외하는 사람들이랍니다.
아름다운 칭찬이네요.
어떤 사람들은 (6:17-19)
기회만 엿보고 있는데
이 사람들은 모든 사람보다도
하나님을 잘 섬기는 사람이라는 말입니다.
믿음의 칭찬을 들어야지요.
신실한 성도라는 말을 들어야지요.
물론 그런 말을 듣기 위해 행동한다면 그건 위선이구요,
하나님께 집중하다 보면
사람들에게 그의 신실한 신앙이 비춰지는 거랍니다.

신앙을 지키는 데는 계획이 있어야 합니다.
무계획이 신앙이 아닙니다. 계획이 신앙입니다.
사탄의 공격을 어떻게 막을까 생각해야 합니다.
어떻게 기도할까를 생각해야 합니다.
어떻게 말씀을 배우고 말씀으로 사탄을 막을까 생각해야지요.
어떻게 봉사하고
어떻게 사랑할 것인가를 생각해야 하는 거랍니다.
신앙은 힘을 다해 지키는 거랍니다.

11 느 7:5-73

다시 세워진 성 안에 들어온 사람들

성은 완성되었습니다만 성 안엔 사람이 적었습니다. 사람이 없는 성은 아무런 가치가 없는 것이거든요. 그래서 유다의 지도자들을 모아 사람들로 하여금 성 안에 들어 와 집을 짓고 정착할 수 있도록 하자고 권유를 했지요. 모두들 좋다고 했습니다. 그리고는 각 지파와 가족 중심으로 중건된 성 안에 들어 올 사람을 조사하게 했지요. 많은 사람들이 즐겁게 참여 했답니다.

지도자들은 스룹바벨과 예수아와 함께 바사에서 귀환했던 사람들의 명단을 가지고 있었습니다. 그들을 먼저 만나 설득하기로 했답니다. 그 명단과 숫자는 다음과 같았습니다.

스룹바벨과 예수아와 느헤미야와 아사랴와 라아마와 나하마니와 모르드개와 빌산과 미스베렛과 비그왜와 느훔과 바아나 등과 함께 나온 이스라엘 백성의 명수가 이러하니라

바로스 자손이 이천일백칠십이 명이요

스바댜 자손이 삼백칠십이 명이요

아라 자손이 육백오십이 명이요

바핫모압 자손 곧 예수아와 요압 자손이 이천팔백십팔 명이요

엘람 자손이 일천이백오십사 명이요

삿두 자손이 팔백사십오 명이요

삭개 자손이 칠백육십 명이요

빈누이 자손이 육백사십팔 명이요

브배 자손이 육백이십팔 명이요

아스갓 자손이 이천삼백이십이 명이요

아도니감 자손이 육백육십칠 명이요

비그왜 자손이 이천육십칠 명이요

아딘 자손이 육백오십오 명이요

아델 자손 곧 히스기야 자손이 구십팔 명이요

하숨 자손이 삼백이십팔 명이요

베새 자손이 삼백이십사 명이요

하립 자손이 일백십이 명이요

기브온 사람이 구십오 명이요

베들레헴과 느도바 사람이 일백팔십팔 명이요

아나돗 사람이 일백이십팔 명이요

벧아스마웻 사람이 사십이 명이요

기럇여아림과 그비라와 브에롯 사람이 칠백사십삼 명이요

라마와 게바 사람이 육백이십일 명이요
믹마스 사람이 일백이십이 명이요
벧엘과 아이 사람이 일백이십삼 명이요
기타 느보 사람이 오십이 명이요
기타 엘람 자손이 일천이백오십사 명이요
하림 자손이 삼백이십 명이요
여리고 자손이 삼백사십오 명이요
로드와 하딧과 오노 자손이 칠백이십일 명이요
스나아 자손이 삼천구백삼십 명이었느니라

제사장들은 예수아의 집 여다야 자손이 구백칠십삼 명이요
임멜 자손이 일천오십이 명이요
바스훌 자손이 일천이백사십칠 명이요
하림 자손이 일천십칠 명이었느니라

레위 사람들은 호드야 자손 곧 예수아와 갓미엘 자손이 칠십사 명이요
노래하는 자들은 아삽 자손이 일백사십팔 명이요
문지기들은 살룸 자손과 아델 자손과 달문 자손과 악굽 자손과 하디다 자손과 소배 자손이 모두 일백삼십팔 명이었느니라

느디님 사람들은 시하 자손과 하수바 자손과 답바옷 자손과 게로스 자손과 시아 자손과 바돈 자손과 르바나 자손과 하가바 자손과 살매 자손과 하난 자손과 깃델 자손과 가할 자손과 르아야 자손과 르신 자손과 느고다 자손과 갓삼 자손과 웃사 자손과 바세아 자손과 베새 자손과 므우님 자손과 느비스심 자손과 박북 자손과 하그바 자손과 할훌 자손과

바슬릿 자손과 므히다 자손과 하르사 자손과 바르고스 자손과 시스라 자손과 데마 자손과 느시야 자손과 하디바 자손이었느니라

솔로몬의 신복의 자손은 소대 자손과 소베렛 자손과 브리다 자손과 야알라 자손과 다르곤 자손과 깃델 자손과 스바댜 자손과 핫딜 자손과 보게렛하스바임 자손과 아몬 자손이니 모든 느디님 사람과 솔로몬의 신복의 자손이 삼백구십이 명이었느니라

델멜라와 델하르사와 그룹과 앗돈과 임멜로부터 올라온 자가 있으나 그 종족과 보계가 이스라엘에 속하였는지는 증거할 수 없으니 저희는 들라야 자손과 도비야 자손과 느고다 자손이라 도합이 육백 사십이 명이요

제사장 중에는 호바야 자손과 학고스 자손과 바르실래 자손이니 바르실래는 길르앗 사람 바르실래의 딸 중에 하나로 아내를 삼고 바르실래의 이름으로 이름한 자라 이 사람들이 보계 중에서 자기 이름을 찾아도 얻지 못한 고로 저희를 부정하게 여겨 제사장의 직분을 행치 못하게 하고 방백이 저희에게 명하여 우림과 둠밈을 가진 제사장이 일어나기 전에는 지성물을 먹지 말라 하였느니라

온 회중의 합계가 사만 이천삼백육십 명이요
그 외에 노비가 칠천삼백삼십칠 명이요 노래하는 남녀가 이백사십오 명이요(7:7-67)

많은 사람들의 이름이 기록되어 있습니다.
가족의 계보에 따라 기록된 사람도 있고
출신 지역에 따라 기록된 사람도 있습니다.
어떤 사람은 특별한 직책에 따라 이름이 적혔고
어떤 사람은 하는 일에 따라 이름이 적혔습니다.

중요한 것은 이름이 있느냐는 겁니다.
우리의 이름도 그렇답니다.
출신이 문제가 아닙니다. 직업도 문제가 아닙니다.
사회적인 신분도 문제가 아니지요.
생명책에 기록된 것만이 중요하답니다.
하나님 나라의 시민권을 가진 사람이냐가 중요한 거랍니다!

『그 종족과 보계가 이스라엘 족속에 속하였는지는 증거할 수 없으니』(:61)
우리는 그리스도의 계보에 속한 사람인가요?
함께 살고 있고 같은 언어를 사용하고 교제하면서 살고 있는데
정작 구분될 때 우리의 이름이
그리스도의 계보에 속해 있느냐는 겁니다.
아무리 친하다 하더라도
하나님의 성 안에서 살기 위해서는
그리스도의 계보에 있어야만 하는 거랍니다.

자신의 이름이 성 안에 살 이름이길 바라지만

성 안에 살 수 없어 안타까워하는 사람들이 있습니다.

『자기 이름을 찾아도 얻지 못한 고로』(:64중)

하나님의 성에 살고 싶다고 사는 게 아닙니다.

교회에 나왔다고 그 나라에 가는 것이 아닙니다.

그 나라를 위해 봉사했다고

그 나라에 가는 것도 아니라는 말이지요.

착하게 살았다고 그 나라에 가는 것도 아니랍니다.

착하기 때문에 자신의 이름이

그 나라 명단에 있을 거라고 생각하고 자기 이름을 찾는 다면

그것 또한 그 나라가 어떤 나라인지 모르는 거지요.

그 나라 사람으로 이름이 있는 것은

오직 예수 그리스도를 받아들인 사람만이 가능한 거랍니다.

그 분, 예수 그리스도만이

하나님 나라 가는 유일한 길이기 때문입니다.

짐승들도 많았습니다. 어떤 사람들은 성 안의 행복을 위해서 많은 재물을 헌납했답니다. 그릇도, 옷도, 금이나 은 같은 보물도 드렸습니다. 성은 사람뿐만 아니라 행복을 위해 드려진 많은 것들로 풍성했답니다.

『말이 칠백삼십륙이요 노새가 이백사십오요 약대가 사백삼십오요 나귀가 육천칠백이십이었느니라 어떤 족장들은 역사를 위하여 보조하였고 방백은 금 일천 다릭과 대접 오십과 제사장의 의복 오백삼십 벌을 보물 곳간에 드렸고 또 어떤 족장들은 금 이만 다릭과 은 이천이백 마네를 역사 곳간에 드렸고

그 나머지 백성은 금 이만 다릭과 은 이천 마네와 제사장의 의복 육십칠 벌을 드렸느니라 이와 같이 제사장들과 레위 사람들과 문지기들과 노래하는 자들과 백성 몇 명과 느디님 사람들과 온 이스라엘이 다 그 본성에 거하였느니라』 (7:68-73)

하나님 나라를 위해 힘껏 드린 재물들이 있습니다.
그런데 지도자들이 드렸다고 하네요.
일반 사람들에게 모본이 되었다는 걸 말하는 겁니다.
그래요.
앞에선 사람들이 모본이 되면 약한 사람들이 존경하고
자신들도 따라 한답니다.
희생을 강요하지 마세요.
내가 희생하면 다른 사람도 따라하거든요.
따라할 때까지 묵묵히 헌신하는 사람 되자구요!

3

〉〉 세 번째 이야기 느헤미야 8-12장

일보다 중요한 것들

THE BIBLICAL

완성된 예루살렘 성 안에 이스라엘 사람들이 북적거리고 있었습니다. 지저분한 것들도 성벽 중건하는 동안 많이 정리가 되어 거리는 깨끗했고 빈 집으로 이사를 들어오는 사람이 있는가 하면 새 집을 짓고 삶의 터전을 마련하는 사람도 있었습니다. 하여간 이런 저런 일로 성 안의 모습은 활기찼습니다. 이스라엘 사람이라면 하나 같이 생각하기를 이젠 하나님이 주신 성에서 영원토록 살게 될 것을 믿었답니다. 몇 달 동안 중건된 성 안으로 사람들이 모여들면서 성(城)을 성(城)답게 만든 겁니다. 정말 어느 족속의 성과 비교한다 하더라도 손색이 없는 아름다운 성이었습니다. 그런데 이상한 건 힘들게 성을 중건했는데 하나님께 감사의 제사를 드리지 않았다는 거지요. 성 안에 모인 사람들은 중건 감사제사를 드리지 않고 산다는 것이 미안했는지 서로들 중건 몇 달 동안 중건된 성 안으로 사람들이 모여들면서 성(城)을 성(城)답게 만든 겁니다. 정말 몇 달 동안 중건된 성 안으로 사람들이 모여들면서 성(城)을 성(城)답게 만든 겁니다. 정말 안으로 사람들이 모여들면서 성(城)을 성(城)답게 만든 겁

THE BIBLICAL STORYTELLING BIBLE STUDY

❶ 느 8:1-12
은혜 받는 사람들

완성된 예루살렘 성 안에 이스라엘 사람들이 북적거리고 있었습니다. 지저분한 것들도 성벽 중건하는 동안 많이 정리가 되어 거리는 깨끗했고 빈 집으로 이사를 들어오는 사람이 있는가 하면 새 집을 짓고 삶의 터전을 마련하는 사람도 있었습니다. 하여간 이런 저런 일로 성 안의 모습은 활기찼습니다. 이스라엘 사람이라면 하나같이 생각하기를 이젠 하나님이 주신 성에서 영원토록 살게 될 것을 믿었답니다.

몇 달 동안 중건된 성 안으로 사람들이 모여들면서 성(城)을 성(城)답게 만든 겁니다. 정말 어느 족속의 성과 비교한다 하더라도 손색이 없는 아름다운 성이었습니다. 그런데 이상한 건 힘들게 성을 중건했는데 하나님께 감사의 제사를 드리지 않았다는 거지요. 성 안에 모인 사람들은 중건 감사 제사를 드리지 않고 산다는 것이 미안했는지 서로들 중건 감사 제사를 드리는 것이 옳지 않겠느냐고 말하곤 했답니다. 성이 완전히 중건된 때가 엘룰 월 이십오 일(6월 25일)이었는데 지금 티쉬리 월(7월/정월)이 되었으니 성 중건 감사 제사를 드리자고들 말했답니다.

성 중건을 위한 제사를 드리자는 말들이 퍼지더니 누가 말한 것처럼 사람들은 예루살렘 성의 가장 큰 광장인 수문(水門 · Water Gate) 앞으로 하나둘씩 모이기 시작했습니다. 그러더니 모두가 하는 말이 에스라 학사 겸 제사장을 불러 하나님의 말씀을 듣자고 하였답니다.

"여러분, 우리 모두 에스라 제사장을 모시도록 합시다. 하나님의 말씀을 들은 지가 꽤 오래 되었거든요. 이제 우리 시대의 최고 제사장이고 성경학자이신 에스라 선생을 모시고 와서 말씀을 듣자는 거요."

누군가의 말에 사람들은 큰소리로 동의를 했답니다.

『이스라엘 자손이 그 본성에 거하였더니 칠월에 이르러는 모든 백성이 일제히 수문 앞 광장에 모여 학사 에스라에게 여호와께서 이스라엘에게 명하신 모세의 율법책을 가지고 오기를 청하매』(8:1)

삶의 터전이 마련 된 것으로는 만족하지 않답니다.

사람에겐 영혼이 있기 때문입니다.
영혼은 오직 하나님의 말씀으로만 채워지고
하나님의 말씀으로 채워진 영혼으로 인해
인생은 행복해 지는 거랍니다.

이스라엘 사람들은 그걸 부인하지 않았습니다.
땀 흘려 열심히 일했는데도 정말 필요한 것은
하나님의 말씀이었던 거지요.
그래서 하나님의 말씀을 알고 있는 에스라를 부른 겁니다.

우리에게 영혼의 갈증이 있는지요?
목마름을 느끼고 있는지요?
그렇다면 아직 살아 있는 영혼입니다.
이젠 살기 위해, 회복하기 위해 말씀을 찾아가십시오.
목마른 사슴이 시냇물을 찾는 것처럼
생명수인 하나님의 말씀을 찾아야 한답니다.

이스라엘 사람들이 사랑스럽네요.
말씀을 사모하는 살아 있는 영혼들이기 때문입니다.
갓난아이들같이 말씀을 사모하자구요.
예수님 오신다는 소릴 듣고 말씀을 기대한
마리아처럼 사모하자구요.
회복은 사모함으로부터 시작되는 거랍니다.

모인 사람들은 어른들만이 아니었습니다. 어린아이도 있었습니다. 여자들도 하나님의 말씀을 듣기 위해 모두 모였습니다. 하나님의 말씀을 알아들을 수 있는 사람은 다 모인 것 같았습니다. 그리고 사람들이 그리도 기다리는 에스라 제사장이 온 겁니다.

누군가가 만든 강단 중앙에는 에스라가 자리잡고 있었고 그의 좌우에는 백성들 가운데 어른으로 존경 받는 사람들이 서 있었습니다. 오른쪽에는 맛디댜, 스마, 아나야, 우리야, 힐기야, 마아세야 여섯 명이 있었고, 왼쪽에는 브다야, 미사엘, 말기야, 하숨, 하스밧다나, 스가랴, 므술람 일곱 명이 있었습니다. 모두들 에스라와 함께 민족을 위해 수고하는 사람들이었답니다.

말씀을 전할 에스라를 비롯한 지도자들이 단상 위에 서자 사람들은 조용해졌습니다. 무슨 말씀을 읽고 전할 지 가슴이 두근거렸답니다.

에스라가 강단에 가까이 섰습니다. 그리고는 두꺼운 율법책에 손을 갖다 대면서 펼칠 자세를 하였습니다. 그랬더니 그 모습을 본 백성들이 일제히 앉았던 자리에서 일어나는 거였습니다. 엄숙함과 경외함이 배여 있는 광장의 모습이었습니다. 아주 조용한 분위기에서 에스라가 하늘을 향해 얼굴을 들더니 큰 소리로 기도하기 시작했지요.

"주 여호와 하나님이시여, 당신의 위대하심을 찬양하며 송축하나이다!"

짧은 기도였지만 그 기도가 들려지자 모든 사람들은 큰 소리로 "아멘"을 외치며 몸을 굽혀 얼굴을 땅에 대고 하나님을 찬양하였답니다.

에스라의 권유에 의해 사람들은 자신의 자리에 앉아 말씀을 듣기 시작했습니다. 에스라가 율법책을 읽을 때부터 그리고 강해를 하는 시간 시간마다 사람들의 마음은 감동되고 있었답니다. 아니 말씀이 귀에 들려지기도 전에 이미 저들의 마음은 은혜로 충만해 있었던 겁니다.

에스라는 지칠 줄 모르고 말씀을 강해하고 있었습니다. 동이 트는 새벽에 시작된 말씀 강해는 오정에 이를 때까지 계속되었고 전하는 자나 듣는 자들 모두가 깊은 은혜의 세계 속에 있었답니다.

『칠월 일일에 제사장 에스라가 율법책을 가지고 남자, 여자 무릇 알아 들을만한 회중 앞에 이르러 수문 앞 광장에서 새벽부터 오정까지 남자, 여자 무릇 알아 들을만한 자의 앞에서 읽으매 뭇 백성이 그 율법책에 귀를 기울였는데 때에 학사 에스라가 특별히 지은 나무 강단에 서매 그 우편에 선 자는 맛디댜와 스마와 아나야와 우리야와 힐기야와 마아세야요 그 좌편에 선 자는 브다야와 미사엘과 말기야와 하숨과 하스밧다나와 스가랴와 므술람이라 학사 에스라가 모든 백성 위에 서서 저희 목전에 책을 펴니 책을 펼 때에 모든 백성이 일어서니라 에스라가 광대하신 하나님 여호와를 송축하매 모든 백성이 손을 들고 아멘 아멘 응답하고 몸을 굽혀 얼굴을 땅에 대고 여호와께 경배하였느니라』(8:2-6)

하나님의 말씀에서 제외된 사람은 아무도 없습니다.

인생을 오래 사신 어른이나, 젊은 사람이나 혹은 어린아이나

세상 지식을 많이 가지고 있는 사람이나 그렇지 못한 사람이나

정치적인 힘이나 재물의 힘이 있는 사람이나

아니면 아무런 힘이 없는 약한 사람이나

모두에게 하나님의 말씀은 동일하게 주어진 거랍니다.

그러므로 하나님의 말씀 앞으로 모여야 합니다.

나이가 들었다고 핑계하지 마십시오.

가방끈이 짧다고 핑계하지 마십시오.

이해력이 뒤떨어진다고도 핑계하지 마십시오.

삶에서 실패한 사람이라고도 말하지 마십시오.

죄가 많은 사람이라고도 말하지 마십시오.

성경은 핑계를 거절합니다.

사모하는 심령과 마음에 성경을 하나님의 말씀으로

담을 준비만 가지고 나오는 겁니다.

그 사람은 성경 속에서 하나님을 만나는 은혜를 경험할 것입니다!

내가 만날 수 있는 좋은 성경 강해자가 있다는 것이 복입니다.

이스라엘 사람에겐 에스라가 있었고

에스라에 버금가는 훌륭한 사람들이 있었잖아요.

우리 옆엔 성령께서 기록한 하나님의 말씀을 전할

말씀 강해자가 있는지요?

그런 강해자를 만나는 게 복이랍니다.

에스라의 말씀 낭독과 강해가 진행되는 동안 많은 사람들이 감동으로 인해 눈물을 흘리고 있었습니다. 말씀이 잘 이해가 되지 않으면 주변에 있는 레위 사람들을 찾아가 설명을 듣기도 했습니다. 말씀이 깨달아지면 감동하면서 하나님께 영광을 돌리곤 했지요. 수문 앞 광장은 말씀 잔치로 은혜가 넘치고 있었습니다.

말씀으로 인해 우는 사람들이 왜 그리도 많은지요? 여기저기서 눈물을 흘리며 회개하기도 하고 감사의 기도를 드리고 있었습니다. 그치지도 않았고 그치게 할 수도 없는 분위기였지요. 그러나 언제까지 그런 분위기를 두고 볼 수가 없었습니다. 지금까지 가만히 있던 느헤미야가 일어나서 에스라와 레위 사람들을 불러 눈물바다가 되어 있는 분위기를 그치게 하자고 했지요.

"여러분, 오늘은 우리 민족의 거룩한 날입니다. 이 거룩한 날, 복이 임하는 날에 이리도 슬피 울고만 있으면 되겠는지요? 이제 울음을 그치십시오. 그리고 우리 조상들이 그랬던 것처럼 즐거움을 위해 살진 것을 먹읍시다. 단 것을 먹으십시오. 그리고 음식을 준비하지 못한 사람들이 있다면 여러분이 가지고 있는 것을 나눠 주십시오. 함께 기쁨을 나눠야 할 것이 아닙니까? 아무 것도 염려하지 마십시오. 오늘은 거룩한 날입니다. 하나님을 기뻐하십시오. 우리가 하나님을 기뻐할 때 놀라운 힘이 생길 것입니다."

느헤미야가 외치는 소리였습니다. 그러나 여기저기서는 계속 울음을

❸ 느 9:1-4
견딜 수 없었던 사람들

수문 앞에서 시작된 부흥 사경회는 졸지에 초막절 행사로 연결이 되었고, 초막절을 지키는 동안 계속된 에스라의 말씀 사경회는 사람들의 마음에 회개의 역사를 일으켰습니다. 그 달 24일 (초막절을 15일부터 7일간 지켰으니 21일에 끝났는데) 초막절이 끝나고 3일 후에 사람들은 다시 모였지요. 지난 7일 동안 들은 하나님의 말씀으로 인해 해결해야 할 일이 있었기 때문입니다. 자신들의 잘못된 것을 회개하고 용서를 구해야 시원하겠기에 그런 거였습니다.

많은 사람들이 회개의 의미로 굵은 베옷을 입고 있었습니다. 어떤 사람은 흙을 머리에 뒤집어쓰고 있었습니다. 어떤 사람은 이방 사람과 가까이 지내던 것을 공개적으로 후회하면서 잘못했다고 인정하기도 했습니다. 어떤 사람은 우상 숭배한 것을, 어떤 사람은 남의 것 훔친 것을... 사람마다 여기저기서 일어나 자신의 죄와 악한 것을 고백하며 죄를 인정하고 회개하는 일이 벌어지고 있었던 거지요.

모임은 어수선했습니다. 누군가가 통제하지 않으면 모든 사람이 다 일어나서 자신의 죄를 고백하는 일을 계속할 판이었습니다. 게다가 사람들이 점점 더 많이 몰려오고 있었던 거지요.

레위 사람 중에 누군가가 어수선한 분위기를 통제하면서 율법을 다시 읽겠다고 나섰습니다. 시끄럽던 사람들은 이내 조용해지기 시작했고 읽혀지는 율법에 귀를 기울였지요. 읽혀지는 성경을 통해 사람들은 여기저기서 흐느끼고 있었고 가슴을 치기도 했습니다. 율법은 두 세 시간 동안 계속 읽혀지고 있었습니다.

귀에 들려오는 율법은 자신들의 조상 이야기입니다. 아브라함이 어떻게 자신들의 조상이 되었는지 왜 이 땅에서 살아야 하는지, 애굽에는 어떻게 들어갔고 왜 그곳에서 노예로 살았었는지, 그리고 그 후의 역사와 지금은 왜 바사의 식민지가 되어 살고 있는지를 듣고 깨달았지요. 또한 하나님의 끊임없는 은혜도 깨달았답니다.

사람들은 더 지체하지 않았습니다. 모두가 자신의 죄를 자복하는 것은 물론이고 지난날 조상들의 죄까지도 자복하고 회개하지 않으면 안 되겠다는 생각이 들었는지 엎드려 참회를 하기도 했고 하나님의 끊임없는 은혜를 생각하면서 하나님을 찬양하기도 했습니다.

율법을 읽고 있던 사람이 내려오자 레위 사람인 예수아와 바니와 갓미엘과 스바냐, 분니, 세레뱌, (또 다른) 바니와 그나니가 그 단상에 올라가 돌아가면서 기도회를 이끌었습니다. 모인 사람들은 이들의 인도에 따라 회개를 하였답니다.

『그 달 이십사 일에 이스라엘 자손이 다 모여 금식하며 굵은 베를 입고 티끌을 무릅쓰며 모든 이방 사람과 절교하고 서서 자기의 죄와 열조의 허물을 자복하고 이 날에 낮 사분지 일은 그 처소에 서서 그 하나님 여호와의 율법책을 낭독하고 낮 사분지 일은 죄를 자복하며 그 하나님 여호와께 경배하는데 레위 사람 예수아와 바니와 갓미엘과 스바냐와 분니와 세레뱌와 바니와 그나니는 대에 올라서서 큰 소리로 그 하나님 여호와께 부르짖고』(9:1–4)

말씀을 통해 나를 보는 겁니다.
말씀을 통해 보여진 나를 괴로워하는 겁니다.
허물과 죄악들이 보이잖아요.
하나님의 진노 아래 있는 것이 보이잖아요.
그렇기에 하나님 앞에 죄를 인정해야 하는 거랍니다.
용서는 이미 그리스도께서 십자가에서 이루어 놓으셨기에
그 십자가를 바라보면서 용서받음의 믿음을 가져야지요.

용서의 길을 마련해 주신 하나님께 감사해야지요.

나의 죄를 대신해서 죽으신 예수님께 감사해야지요.

말씀은 나의 추한 모습을 보여주고

나의 용서받음도 알려 주는 영혼의 안내서랍니다.

4 느 9:5–38

말씀으로 인도되는 기도회

기도회를 인도하는 사람들 중에 몇 사람이 바뀌면서 한 가지 한 가지씩 말씀과 회개 기도의 제목을 내놓았습니다. (기도회를 인도한 사람은 예수아, 갓미엘, 바니, 하삽느야, 세레뱌, 호디야, 스바냐, 브다히야였습니다.)

"여러 형제들이여, 이 시간은 우리의 영원하신 여호와 하나님을 찬양하는 기도를 드리겠습니다. 우리가 하나님을 송축하는 것은 하나님의 이름이 어느 이름보다 뛰어나기 때문입니다. 존귀한 이름이기 때문입니다. 어떤 찬양이나 송축함보다 뛰어난 이름이기 때문입니다. 우리의 여호와 하나님은 하늘과 땅을 지으신 분이 아닙니까? 하늘 위의 모든 것과 땅의 모든 것을 만드신 분입니다. 하늘의 천군도 우리 하나님께 경배하고 있으니 우리도 하나님을 경배하는 겁니다. 우리 모두 이 하나님께 엎드려 경배하십시다!"

첫 번째 기도 인도자의 소리였습니다. 사람들은 인도자의 소리를 듣자 모두 엎드려 하나님을 경배하며 그 이름을 높이는 찬양과 기도를 드렸지요.

『또 레위 사람 예수아와 갓미엘과 바니와 하삽느야와 세레뱌와 호디야와 스바냐와 브다히야는 이르기를 너희 무리는 마땅히 일어나 영원부터 영원까지 계신 너희 하나님 여호와를 송축할지어다 주여 주의 영화로운 이름을 송축하올 것은 주의 이름이 존귀하여 모든 송축이나 찬양에서 뛰어남이니이다 오직 주는 여호와시라 하늘과 하늘들의 하늘과 일월 성신과 땅과 땅 위의 만물과 바다와 그 가운데 모든 것을 지으시고 다 보존하시오니 모든 천군이 주께 경배하나이다』(9:5-6)

우리가 섬기는 하나님은 만물을 창조하신 하나님이시지요.
하늘을 만드시고 땅을 만드신 분이랍니다.
하늘과 땅 사이에 있는 모든 것들을 만드신 분이랍니다.
그 분이 만드신 것 가운데 버릴 것도 쓸모없는 것도 없답니다.
모두가 존귀한 것들이지요.
만물을 만드신 하나님이 우리의 아버지랍니다.
존귀한 이름의 하나님이 우리의 아버지시랍니다.
천사와 천군이 찬양하는 이름

그 이름 앞에 우리도 엎드려 찬양합니다.

두 번째 기도 인도자가 다시 말씀을 전했습니다.

"형제 여러분들, 우리 하나님께서 우리의 조상인 아브라함을 택하셨습니다. 우리 조상 아브라함을 갈대아 우르 땅에서 끄집어내어 가나안 땅으로 인도하셨고 원래의 이름인 아브람을 아브라함이라고 바꾸셨지요. 우리 조상 아브라함은 하나님께 충성스러웠습니다. 그 충성이 하나님 마음에 들었습니다. 그래서 하나님은 우리 조상 아브라함과 언약을 맺으신 겁니다. 가나안 땅에 살고 있던 원주민들 다시 말하면 가나안 족속과 헷 족속, 아모리 족속, 브리스 족속, 여부스 족속, 기르가스 족속을 몰아내시고 그 땅을 아브라함의 자손에게 주시겠다고 언약을 하신 겁니다. 그리고 그 약속을 이루시어 우리 조상에게 주셨습니다. 할렐루야! 이는 우리의 하나님이 신실하신 분이요 의로우신 분이요 언약을 지키시는 분이라는 말씀입니다! 이 위대하신 하나님께 찬양의 기도를 드립시다!"

모인 사람들은 자신들의 조상을 택하시고 신실하게 인도하신 하나님에 대한 말씀을 듣고 또 다시 감사와 찬양의 기도를 드리기 시작했답니다. 기도 소리는 천지를 울리는 것 같았습니다.

『주는 하나님 여호와시라 옛적에 아브람을 택하시고 갈대아 우르에서 인도하여 내시고 아브라함이라는 이름을 주시고 그 마음이 주 앞에서 충성됨을 보시고 더불어 언약을 세우사 가나안 족속과 헷 족속과 아모리 족속과 브리스 족속과 여부스 족속과 기르가스 족속의 땅을 그 씨에게 주리라 하시더니 그 말씀대로 이루셨사오니 주는 의로우심이로소이다』(9:7-8)

아브라함을 통해
구원하심의 원리와 구원 받음의 원리를 보여주신
고마우신 하나님을 찬양합니다.
다른 방법이 아니라
믿음의 방법으로 구원하신다는 걸 가르쳐 주신 것이지요.
오직 믿음으로만의 구원 원리가 변하지 않음에
하나님을 찬양합니다.
신실하신 하나님을 사랑합니다.

세 번째 기도 인도자가 나와 기도를 인도했습니다.

"형제들이여, 우리 조상들이 애굽에서 살았던 때가 있습니다. 그곳에서 우리 조상들은 짐승처럼 살았었습니다. 무려 400년 이상을 그렇게 산 겁니다. 그런데 그 애굽 땅에서 살던 우리 조상들이 구원을 받았습니다. 하나님이 우리 조상들을 보고 계셨던 겁니다. 하나님께서 권능의 손으로 우리 조상들을 애굽에서 끌어내신 겁니다. 우리 조상들이 애굽에서 나올 때 아무 것도 없었습니다. 힘도 없었습니다. 그렇게 나온 우리 조상들이 홍해 앞에 섰을 때는 울부짖지 않을 수가 없었겠죠. 정말 울부짖었던 겁니다. 그런데 그 소리를 들으신 하나님께서 이적을 베푸시면서 우리 조상들을 구원하셨고 쫓아오던 바로와 그의 군사들을 치셨던 겁니다. 바로를 그렇게 무색하게 하신 것은 우리 조상들 앞에서 교만하게 굴던 애굽을 치신 것이지요. 하나님은 홍해를 갈라 육지처럼 되게 하시어 우리 조상들로 하여금 건너가게 하셨습니다. 우리 조상들이 다 건넌 후에는 뒤쫓아 오는 애굽의 군대를 홍해에 수장시키셨답니다. 우리 조상들이 그렇게 구원을 받은 겁니다. 할렐루야!"

『주께서 우리 열조가 애굽에서 고난 받는 것을 감찰하시며 홍해에서 부르짖음을 들으시고 이적과 기사를 베푸사 바로와 그 모든 신하와 그 나라 온 백성을 치셨사오니 이는 저희가 우리의 열조에게 교만히 행함을 아셨음이라 오늘날과 같이 명예를 얻으셨나이다 주께서 또 우리 열조 앞에서 바다를 갈라지게 하시사 저희로 바다 가운데를 육지 같이 통과하게 하시고 쫓아오는 자를 돌을 큰 물에 던짐 같이 깊은 물에 던지시고』(9:9–11)

우리가 사탄의 노예 되어 흑암과 절망 중에 살고 있을 때
하나님은 우리의 비참한 모습을 감찰하고 계셨답니다.
우리의 그 모습을 구원하시기 위해
자신의 아들을 십자가에 매달아 사탄에게 던져 주셨지요.
우리 생명의 값을 아들의 생명으로 치르신 겁니다.
기적보다 더 위대한 일을 하신 하나님
그 하나님을 찬양합니다.

또 다른 기도 인도자가 나와 계속 말씀을 전했습니다.

"형제 여러분, 우리 조상을 애굽에서 건지시고 홍해에서 건지신 것뿐만 아닙니다. 하나님은 애굽에서 나온 우리 조상들을 약속의 땅 가나안까지 불 기둥과 구름 기둥으로 인도하셨습니다. 낮에는 뜨거운 햇볕을 구름 기둥이 막아 주었고 밤의 추위는 불 기둥이 막아 준 거지요. 그리고 어디로 가야 하는지를 모르는 황량한 사막에서 구름 기둥을 움직이시어 인도하신 겁니다."

『낮에는 구름 기둥으로 인도하시고 밤에는 불 기둥으로 그 행할 길을 비취셨사오며』(9:12)

동서남북을 모르는 인생길에
성령께서 우리의 가는 길을 인도하시네요.
어디가 위험한 곳인지 어디가 악한 자들이 있는 곳인지
어디가 쉴 곳인지 어디가 물이 있는 곳인지 모르는 우리를
구름 기둥과 불 기동으로 인도하시는 하나님을 찬양합니다.
너희 염려를 다 주께 맡겨 버리라고 하신 말씀이 기억나네요.
우리보다 우리를 더 사랑하시는 하나님의 따뜻함에
모든 걸 맡겨봅니다!

"우리 조상을 불 기둥과 구름 기둥으로 인도하시는 하나님은 시내산에서 우리 조상들과 대화를 하신 겁니다. 살아가는 규례를 주셨지요. 올바른 율법을 주신 겁니다. 선한 말씀과 계명을 주신 겁니다. 거룩한 안식일을

주신 겁니다. 모세를 통하여 우리 조상들에게 율법과 규례를 주신 겁니다!"

『또 시내산에 강림하시고 하늘에서부터 저희와 말씀하사 정직한 규례와 진정한 율법과 선한 율례와 계명을 저희에게 주시고 거룩한 안식일을 저희에게 알리시며 주의 종 모세로 계명과 율례와 율법을 저희에게 명하시고』(9:13-14)

우리에게 성경을 주신 하나님을 찬양합니다.
성경을 통해 인생의 문제를 알게 하시고
인생의 가는 길과 가는 방법을 알려 주신 하나님을 찬양합니다.
물론 성경을 통해 하나님의 위대하고도 거룩한 사랑을 알게 되어
너무 감사하구요!
주신 성경 잘 공부하고 깨달아
얼마나 큰 행복 속에서 살고 있는지를 더 많이 알기 원합니다.
그리고 성경에 말씀 하신 생명의 길을 잘 따라가면서
약속의 하늘나라까지 승리하면서 가렵니다.

"형제 여러분, 우리 조상은 하나님의 큰 은혜를 받은 사람들입니다. 광야를 지나면서 굶어 죽은 자가 없었으니 말입니다. 어찌된 일인지 아시죠? 하늘에서 매일 양식이 내린 겁니다. 사막을 거닐면서도 목말라 죽은 자가 하나도 없는 겁니다. 하나님께서 바위에서 물을 내어 주셨기 때문입니다."

『저희의 주림을 인하여 하늘에서 양식을 주시며 저희의 목마름을 인하여 반석에서 물을 내시고 』(9:15상)

무엇을 먹을까 무엇을 마실까 무엇을 입을까
염려하지 말라고 하셨지요.
우리 하나님께서 이 모든 것의 필요를 알고 계시기 때문이랍니다.
사막이냐가 중요한 것이 아니라
하나님의 자녀냐 하는 것이 중요하지요.
아버지께서 자녀에게 필요한 것을 주시는 것은 물론이고
가장 좋은 것으로 주시지 않겠어요?
오래전 하늘에서 만나와 반석에서 물을 내신 그 하나님이
오늘도 우리 옆에서 동일한 일을 하고 계시답니다.
우리의 하나님을 찬양합니다!

"우리의 조상들이 하나님께 받은 명령이 있었습니다. 가나안 땅에 들어가서 원주민들을 치고 그들을 몰아내라는 거였습니다. 그런데 우리 조상들이 그 명령을 듣지 않은 겁니다. 하나님 앞에서 자신의 판단을 하나님의 명령보다 더 낫다고 생각하고 순종하지 않은 겁니다. 교만한 거였지요! 애굽에서부터 인도하신 하나님의 위대함을 기억하지 않은 겁니다. 오히려 애굽으로 돌아가자고 하면서 하나님이 세우신 지도자를 거절하고 자기들의 마음에 맞는 지도자를 세우려고 했던 겁니다. 얼마나 악한 일을 한 겁니까? 그러나 하나님은 참으셨습니다. 인자를 베푸셨습니다. 교만하게 멋대로 행하는 우리 조상들을 버리지 않으셨습니다. 뿐만 아닙니다. 우리 조상들은 하나님을 버린 겁니다. 송아지 형상을 만들어서 그 앞에 절하면서 말하기를 송아지가 자신들을 애굽에서 인도해 낸 신이라고 했던 겁니다. 이 얼마

나 하나님 앞에서 무례한 행동이었는지요! 그럼에도 불구하고 하나님은 우리 조상들을 버리지 않으셨습니다. 오히려 계속 불 기둥과 구름 기둥으로 함께 하신 분이 우리 하나님이셨던 겁니다! 배고픈 저들에게 계속 만나를 주셨던 겁니다. 목마른 저들에게 언제나 물을 공급해 주신 겁니다. 무려 40년을 부족함 없게 인도하신 겁니다. 옷도 헤어지지 않게 하셨습니다. 광야를 걸었지만 발이 부릍지 않게 하신 겁니다. 오히려 광야 주변 헤스본과 바산 땅을 주신 겁니다. 우리 조상들이 하나님 앞에서 교만하고 곁길로 갔지만 하나님은 약속의 땅으로 인도하셨지요."

『또 주께서 옛적에 손을 들어 맹세하시고 주마 하신 땅을 들어가서 차지하라 명하셨사오나 저희와 우리 열조가 교만히 하고 목을 굳게 하여 주의 명령을 듣지 아니하고 거역하며 주께서 저희 가운데 행하신 기사를 생각지 아니하고 목을 굳게 하며 패역하여 스스로 한 두목을 세우고 종 되었던 땅으로 돌아가고자 하였사오나 오직 주는 사유하시는 하나님이시라 은혜로우시며 긍휼히 여기시며 더디 노하시며 인자가 풍부하시므로 저희를 버리지 아니하셨나이다 또 저희가 송아지를 부어 만들고 이르기를 이는 곧 너희를 인도하여 애굽에서 나오게 하신 하나님이라 하여 크게 설만하게 하였사오나 주께서는 연하여 긍휼을 베푸사 저희를 광야에 버리지 아니하시고 낮에는 구름 기둥으로 길을 인도하시며 밤에는 불 기둥으로 그 행할 길을 비취사 떠나게 아니하셨사오며 또 주의 선한 신을 주사 저희를 가르치시며 주의 만나로 저희 입에 끊어지지 않게 하시고 저희의 목마름을 인하여 물을 주시사 사십 년 동안을 들에서 기르시되 결핍함이 없게 하시므로 그 옷이 해어지지 아니하였고 발이 부릍지 아니하였사오며 또 나라들과 족속들을 저희에게 각각 나누어 주시매 저희가 시혼의 땅 곧 헤스본 왕의 땅과 바산 왕 옥의 땅을 차지하였나이다 주께서 그 자손을 하늘의 별 같이 많게 하시고 전에 그 열조에게 명하사 들어가서 차지하라고 하신 땅으로 인도하여 이르게 하셨으므로』(9:15하-23)

우리 하나님은 지은 죄에 따라 처리하는 분이 아니랍니다.
만일 그렇다면 우리 중에 누가 남아 있을 수 있겠는지요?
하나님은 우리가 죄인 것을 아신답니다.
그럼에도 불구하고 우릴 사랑하시는 겁니다.
죄로 인해 벌 받을 때가 있긴 하지요.
그 벌은 심판이 아니라 사랑하는
아버지의 아픈 마음의 표현이랍니다.
아버지의 마음을 모르고 곁길로 가려는 철없는 나의 모습이
아버지의 마음을 아프게 할 뿐이지요.

인도자가 이스라엘의 역사를 말하며 기도 제목들을 주면서 기도를 하고 있었습니다. 그러더니 또 다른 사람이 나와 말씀을 이으면서 기도를 인도했습니다.

"우리 조상들은 하나님께서 약속하신 땅에 들어가서도 큰 은혜를 누렸습니다. 하나님이 가나안 원주민들을 우리 조상들의 발 앞에 복종케 하신 겁니다. 하나님이 가나안에 살고 있던 원주민들을 우리 조상의 손에 붙이신 거지요. 우리 조상들은 쉽게 가나안 땅을 차지하였습니다. 성들을 빼앗았고 기름진 땅을 얻었으며 좋은 물건과 집들, 우물들, 포도원과 감람원,

수많은 과목(果木)들을 얻을 수 있었던 겁니다. 정말 우리 조상들은 잘 먹었고 잘 살았습니다. 복된 삶을 산 겁니다! 그런데 우리 조상들은 그 복을 계속 누리지 못했습니다. 그 좋은 복을 누리면서 하나님을 거역한 겁니다. 하나님이 주신 율법을 등 뒤에 두고 하나님이 보낸 선지자들을 죽이고 하나님을 슬프게 한 겁니다. 하나님께선 우리 조상들의 이러한 행동을 참지 않으셨습니다. 복을 주신 하나님을 버리는, 이와 같은 행동에 하나님이 채찍을 드신 겁니다. 이웃 나라들을 원수로 만들어 우리 조상들을 침공하게 하셨고, 우리 조상들은 이웃 나라들에게 학대를 받자 그때서야 정신을 차리고 하나님께 도움을 구했던 것이지요. 우리 하나님은 우리 조상들의 부르짖는 소리를 외면하지 않으셨습니다. 구원자를 보내 구원해 주시곤 했지요. 그런데 문제는 하나님의 은혜로 구원을 얻으면 올바로 살아야 하는데 평강이 있을만하면 다시 하나님 앞에서 악을 행한 겁니다. 그러다가 곤경에 빠지면 또 다시 하나님께 도움을 구하고... 우리 조상들은 그런 삶을 반복했습니다. 우리 조상들은 하나님이 주신 생명의 계명을 지키지 않은 겁니다. 고집스럽게 목을 굳게 한 겁니다. 우리 조상들의 이런 모습을 우린 알고 회개해야 하는 것이지요. 우리를 버리지 않은 하나님을 찬양하며 기도합시다. 우리 조상을 용서하신 하나님께 감사해야 하는 겁니다. 은혜를 베푸신 하나님께 감사해야 하는 겁니다."

『그 자손이 들어가서 땅을 차지하되 주께서 그 땅 가나안 거민으로 저희 앞에 복종케 하실 때에 가나안 사람과 그 왕들과 본토 여러 족속을 저희 손에 붙여

임의로 행하게 하시매 저희가 견고한 성들과 기름진 땅을 취하고 모든 아름다운 물건을 채운 집과 파서 만든 우물과 포도원과 감람원과 허다한 과목을 차지하여 배불리 먹어 살찌고 주의 큰 복을 즐겼사오나 저희가 오히려 순종치 아니하고 주를 거역하며 주의 율법을 등 뒤에 두고 주께로 돌아오기를 권면하는 선지자들을 죽여 크게 설만하게 행하였나이다 그러므로 주께서 그 대적의 손에 붙이사 곤고를 당하게 하시매 저희가 환난을 당하여 주께 부르짖을 때에 주께서 하늘에서 들으시고 크게 긍휼을 발하사 구원자들을 주어 대적의 손에서 구원하셨거늘 저희가 평강을 얻은 후에 다시 주 앞에서 악을 행하므로 주께서 그 대적의 손에 버려두사 대적에게 제어를 받게 하시다가 저희가 돌이켜서 주께 부르짖으매 주께서 하늘에서 들으시고 여러 번 긍휼을 발하사 건져내시고 다시 주의 율법을 복종하게 하시려고 경계하셨으나 저희가 교만히 행하여 사람이 준행하면 그 가운데서 삶을 얻는 주의 계명을 듣지 아니하며 주의 규례를 범하여 고집하는 어깨를 내어밀며 목을 굳게 하여 듣지 아니하였나이다 그러나 주께서 여러 해 동안 용서하시고 또 선지자로 말미암아 주의 신으로 저희를 경계하시되 저희가 듣지 아니하므로 열방 사람의 손에 붙이시고도 주의 긍휼이 크시므로 저희를 아주 멸하지 아니하시며 버리지도 아니하셨사오니 주는 은혜로우시고 긍휼히 여기시는 하나님이심이니이다』(9:24-31)

여러 번 긍휼을 발하시는 하나님이시랍니다.
아니 계속 긍휼을 베푸시는 하나님이시지요.
반복하여 죄를 짓는 못된 인간인데도
당신의 마음을 무척이나 아프게 하는 자식인데도
참으실 뿐만 아니라 우리를 징계하시는 것까지도 아파하시고
징계하신 다음에 또 긍휼을 베푸시는 하나님의 은혜,

아주 멸하지 않으시는 하나님의 사랑,

그래요...우린 그런 은혜를 받고 사는 사람들이랍니다.

"우리의 하나님은 광대하시고 능력이 한이 없으시고 두려우실 뿐만 아니라 언약과 인자를 지키시는 하나님이십니다. 우리뿐만 아니라 우리의 열왕들과 방백들, 제사장들과 선지자들과 수많은 백성이 앗수르의 열왕 때로부터 지금까지 당한 큰 어려움을 생각하며 기도하십시다! 우리가 선하기 때문에 고난을 당한 것이 억울해서 기도하자는 것이 아닙니다. 하나님은 공의로우신 하나님이십니다. 우리가 당한 어려움도 우리의 악 때문에 당한 것이 분명합니다. 하나님의 율법을 지키지 않아서 당한 고난이고 하나님께서 경계하신 것들을 순종하지 않아서 당한 환난인 것을 인정합니다. 하나님이 주신 큰 은혜와 복을 누리면서도 하나님을 섬기지 않은 것은 물론이요 악을 그치지 않음으로 인해 환난을 당하는 겁니다. 그래서 지금 바사의 식민지 생활을 하는 것이지요. 그러니 우리의 죄를 회개하자는 것입니다. 회개하면서 환난으로부터 해방시켜 주시기를 하나님께 기도해야 하는 겁니다. 이 기도에 동참하기를 원하는 사람들은 자신의 이름을 여기 준비된 곳에 기록하십시오. 이름을 적으며 하나님 앞에 다시는 그런 죄악을 범하지 않겠다고 약속을 하면서 기도하자는 겁니다."

기도회를 인도하는 사람이 말씀을 전함과 동시에 언약을 위한 서명을 부탁하자 수많은 사람이 일어나 자기 이름을 기록하였습니다. 대단한 회개의 모습이었습니다.

『우리 하나님이여 광대하시고 능하시고 두려우시며 언약과 인자를 지키시는 하나님이여 우리와 우리 열왕과 방백들과 제사장들과 선지자들과 열조와 주의 모든 백성이 앗수르 열왕의 때로부터 오늘날까지 당한바 환난을 이제 작게 여기시지 마옵소서 그러나 우리의 당한 모든 일에 주는 공의로우시니 우리는 악을 행하였사오나 주는 진실히 행하셨음이니이다 우리 열왕과 방백들과 제사장들과 열조가 주의 율법을 지키지 아니하며 주의 명령과 주의 경계하신 말씀을 순종치 아니하고 저희가 그 나라와 주의 베푸신 큰 복과 자기 앞에 주신 넓고 기름진 땅을 누리면서도 주를 섬기지 아니하며 악행을 그치지 아니한 고로 우리가 오늘날 종이 되었삽는데 곧 주께서 우리 열조에게 주사 그 실과를 먹고 그 아름다운 소산을 누리게 하신 땅에서 종이 되었나이다 우리의 죄로 인하여 주께서 우리 위에 세우신 이방 열왕이 이 땅의 많은 소산을 얻고 저희가 우리의 몸과 육축을 임의로 관할하오니 우리의 곤란이 심하오며 우리가 이 모든 일을 인하여 이제 견고한 언약을 세워 기록하고 우리의 방백들과 레위 사람들과 제사장들이 다 인을 치나이다 하였느니라』(9:32-38)

하나님 앞에서 죄를 인정하는 게 중요합니다.
하나님 앞에서 행하는 죄를 그치는 겁니다.
하나님은 죄 지은 사람을 벌하시기 위해
벼르고 계신 분이 아닙니다.
죄를 범하고 있는 것을 알고 죄를 인정하고 죄를 그치기를
기다리시는 분이시지요.
그러므로 두려워하지 말고 죄를 그치세요.
그리고 용서를 구하고 회복을 간구하세요.
반드시 놀라운 평화의 은혜를 경험할 것입니다.

5 느 10:1-27

서명한 사람들

기도회를 인도하는 사람의 제안에 따라 여러 사람들이 자신의 이름을 친히 기록하고 서명을 하기 시작했습니다. 무엇보다 성벽 중건 사업을 앞에서 인도한 느헤미야가 자신의 비서관인 시드기야와 함께 먼저 서명을 하였고, 그 뒤로는 각각의 가족을 대표해서 혹은 가문을 대표해서 서명을 하였습니다. 제사장들 가문, 레위인들 중에 대표자들, 백성들의 지도자라고 하는 사람들이 나와 서명을 했지요. 서명한 사람들의 명단은 다음과 같았습니다.

『그 인친 자는 하가랴의 아들 방백 느헤미야와 시드기야, 스라야, 아사랴, 예레미야, 바스훌, 아마랴, 말기야, 핫두스, 스바냐, 말룩, 하림, 므레못, 오바댜, 다니엘, 긴느돈, 바룩, 므술람, 아비야, 미야민, 마아시야, 빌개, 스마야니 이는

다 제사장이요 또 레위 사람 곧 아사냐의 아들 예수아, 헤나닷의 자손 중 빈누이, 갓미엘과 그 형제 스바냐, 호디야, 그리다, 블라야, 하난, 미가, 르홉, 하사뱌, 삭굴, 세레뱌, 스바냐, 호디야, 바니, 브니누요 또 백성의 두목들 곧 바로스, 바핫모압, 엘람, 삿두, 바니, 분니, 아스갓, 베배, 아도니야, 비그왜, 아딘, 아델, 히스기야, 앗술, 호디야, 하숨, 베새, 하립, 아나돗, 노배, 막비아스, 므술람, 헤실, 므세사벨, 사독, 얏두아, 블라댜, 하난, 아나야, 호세아, 하나냐, 핫숩, 할르헤스, 빌하, 소벡, 르훔, 하삽나, 마아세야, 아히야, 하난, 아난, 말룩, 하림, 바아나이었느니라』(10:1-27)

힘있는 사람과 일반 사람과 기도회가 따로 모이는 게 아닙니다.
기도회 모임에는 특정인이 구분되는 것이 아니지요.
힘있는 사람이나 그렇지 않은 사람,
지식인이나 그렇지 않은 사람,
가진 사람이거나 그렇지 않은 사람이 함께 모이는 겁니다.
하나님 앞에 모이는 것이기 때문입니다.

어떤 사람은 기도회에 모인 사람들이 어떤 사람인지를 살피고
참석 여부를 결정합니다.
어떤 사람은 모임에는 가되
자신의 사회적 신분을 생각하면서 구별된 대접 받기를 원한답니다.
어떤 사람은 자신은 일반 사람들처럼 기도할 사람이 아니고
(이런 사람은 기도하는 사람들을 천박하게 보는가 봅니다.)
사람들로 하여금 기도하도록 돕는 관리인으로서 참석하려 합니다.
기도회는 하나님께 나아가는 것인데도

사람의 모임이라고 생각하는 것이지요.

느헤미야,

바사 제국의 왕에게 최고의 신임을 받고 있는 자요

예루살렘에서는 총독이라는 직임의 사람이었고

사람들에게 존경 받는 사람인데도 기도회에 참석하여 부르짖었고

자신도 일반 사람과 같이 하나님 앞에 서명을 하고 있네요.

존경스러운 모습입니다!

바른 신앙과 공동체의 미래를 위해 결심한 사람들의 명단입니다.

후손들에게 영향력을 끼친 사람들의 이름입니다.

공동체의 미래를 준비한 사람들의 서명입니다.

우리의 이름이

죄악을 끊은 사람들의 명단에 끼어 있다면,

아름다운 공동체를 위한 시작의 명단에 있다면,

공동체 미래의 아름다움을 위한 헌신자의 명단에 있다면,

그 이름은 영광스런 이름이랍니다.

⑥ 느 10:28-39

개혁을 결심한 사람들

지도자들의 서명을 본 사람들은 가슴이 뭉클했습니다. 저들의 행동이 존경스럽기도 했구요. 서명을 한다는 것은 많은 것을 포기해야 한다는 걸 알고 있었기 때문입니다. 그래서 감동을 받고 있었지요. 그러나 감동만 받고 있지 않았습니다. 자신들도 이방 사람들과 절교하기를 결심했고, 서명한 지도자를 따라 하나님이 모세를 통해 주신 율법과 규례와 율례 가운데 있는 사항들을 실천하기로 한 겁니다. 무엇보다 이방인들과는 절대로 사돈관계를 맺지 않을 것을 결심했지요. 안식일에는 어떤 물건도 팔거나 사지 않기로 했습니다. 안식년을 지킬 것도 결심하면서 땅을 쉬게 하는 것은 물론이고 빚까지도 탕감해 주는 일을 하기로 결심한 거였습니다.

하나님께 드려야 하는 것도 바로 드리기로 결심을 했답니다. 매년 각각이 드릴 수량이 있었는데 그걸 지금까지 드리지 않았었던 겁니다. 나무도 드리질 않았구요. 그로 인해 성전의 일이 제대로 돌아가지 않았었지요. 소제도 번제도 안식일과 초하루를 지키는 것도 못했었답니다.

농사를 짓고 소산의 처음 것과 과목의 첫 것을 하나님께 드려야 하는데 그것도 드리질 않았었답니다. 맏아들을 헌신시키는 것도 소와 양의 첫 것을 드리는 것도 하지 않았던 것은 물론이구요. 그러나 이젠 그런 모든 일을 잘 수행하기로 결심했답니다.

제사장들과 레위 사람들에게 주는 것들도 잘 하기로 결심했지요. 십일조였습니다. 그걸 잘 줘야 하나님의 일을 하는 레위 사람들이나 제사장들이 아무런 걱정 없이 사역을 잘 할 수 있거든요. 레위 사람들과 제사장들도 결심을 했습니다. 백성들에게서 받은 십일조 물품들을 성전 창고에 잘 두어서 성전에서 일하는 제사장을 비롯한 문지기와 노래하는 자들을 위해 적절하게 사용할 것을 결심하였던 겁니다. 그렇게 해야만 성전에서 일하는 사람들이 다른 생각을 하지 않고 하나님의 일에만 전념을 할 수 있기 때문이었습니다.

『그 남은 백성과 제사장들과 레위 사람들과 문지기들과 노래하는 자들과 느디님 사람들과 및 이방 사람과 절교하고 하나님의 율법을 준행하는 모든 자와 그 아내와 그 자녀들 무릇 지식과 총명이 있는 자가 다 그 형제 귀인들을 좇아 저주로 맹세하기를 우리가 하나님의 종 모세로 주신 하나님의 율법을 좇아 우리 주 여호와의 모든 계명과 규례와 율례를 지켜 우리 딸은 이 땅 백성에게 주지 아니하고 우리 아들을 위하여 저희 딸을 데려오지 아니하며 혹시 이 땅 백성이 안식일에 물화나 식물을 가져다가 팔려 할지라도 우리가 안식일이나 성일에는 사지 않겠고 제 칠년마다 땅을 쉬게 하고 모든 빚을 탕감하리라 하였고 우리가 또 스스로 규례를 정하기를 해마다 각기 세겔의 삼분 일을 수납하여 하나님의 전을 위하여 쓰게 하되 곧 진설병과 항상 드리는 소제와 항상 드리는 번제와 안식일과 초하루와 정한 절기에 쓸 것과 성물과 이스라엘을 위하는 속죄제와 우리 하나님의 전의 모든 일을 위하여 쓰게 하였고 또 우리 제사장들과 레위 사람들과 백성들이 제비 뽑아 각기 종족대로 해마다 정한 기한에 나무를 우리 하나님의 전에 드려서 율법에 기록한 대로 우리 하나님 여호와의 단에 사르게 하였고 해마다 우리 토지 소산의 맏물과 각종 과목의 첫 열매를 여호와의 전에 드리기로 하였고 또 우리의 맏아들들과 생축의 처음 난 것과 우양의 처음 난 것을 율법에 기록된 대로 우리 하나님의 전으로 가져다가 우리 하나님의 전에서 섬기는 제사장들에게 주고 또 처음 익은 밀의 가루와 거제물과 각종 과목의 열매와 새 포도주와 기름을 제사장들에게로 가져다가 우리 하나님의 전 골방에 두고 또 우리 물산의 십일조를 레위 사람들에게 주리라 하였나니 이 레위 사람들은 우리의 모든 성읍에서 물산의 십일조를 받는 자임이며 레위 사람들이 십일조를 받을 때에는 아론의 자손 제사장 하나가 함께 있을 것이요 레위 사람들은 그 십일조의 십분 일을 가져다가 우리 하나님의 전 골방 곧 곳간에 두되 곧 이스라엘 자손과 레위 자손이 거제로 드린바 곡식과 새 포도주와 기름을 가져다가 성소의 기명을 두는 골방 곧 섬기는 제사장들과 및 문지기들과 노래하는 자들이 있는 골방에 둘 것이라 그리하여 우리가 우리 하나님의 전을 버리지 아니하리라」(10:28-39)

지도자들의 결심이 일반 사람들의 삶에 감동을 준답니다.
지도자가 성경으로 돌아갈 것을 결심하면 사람들도 그렇게 하지요.
지도자가 헌신할 것을 결심하면 사람들도 헌신한답니다.
지도자가 기도할 것을 결심하면 사람들도 기도하고
지도자가 낙심하지 않으면 사람들도 지도자를 따라
용기 내어 산답니다.

가정에서 지도자랍니다.
직장에서 지도자랍니다.
교회에서도 지도자이지요.
어떤 사람은 수많은 사람의 지도자이고
어떤 사람은 몇 안 되는 사람의 지도자이지요.
어떤 사람은 한 사람에게만 지도자로서 살기도 한답니다.
그러나 모두가 누구에겐가 영향력을 끼치고 있는
지도자임을 잊지 마세요.
그렇기에 우리의 생각과 말과 행동이
얼마나 중요한지 모릅니다!

가정을 개혁했습니다.
불신자와의 관계를 끊기로.
일상의 스케줄을 개혁했습니다.
안식일과 안식년을 지키기로.
물질을 개혁했습니다.
하나님의 것을 하나님께 드리기로.

헌신을 개혁했습니다.

주님의 일에 최선을 다하기로.

개혁이 아름답네요.

그런데 개혁은 은혜를 받아야만 되는 일이랍니다!

7 느 11:1–24

예루살렘에 사는 사람들

예루살렘 성이 무너져 있을 땐 황폐한 모습 때문에 속이 상했었습니다. 언제까지 무너진 채로 혹은 불탄 채로 있어야 하는지 짜증났구요 누가 좀 앞장서서 무너진 성벽을 아주 없애버리든지 아니면 다시 세우든지 해 주길 바라고 있었습니다. 무너진 성벽을 볼 때마다 다른 민족 사람들의 비난하는 소리에도 견딜 수 없이 자존심이 상하고 창피하기도 했답니다. 그런데 무려 142년간이나 무너져 있던 성벽을 바사 제국 왕실에서 왕을 모시던 느헤미야가 나타나 중건한 겁니다. 그것도 엄청난 비난과 공갈, 협박, 거짓 소문, 모함 등의 방해가 있었음에도 불굴의 의지로 단 52일 만에 성벽을 다시 원상 복귀시킨 겁니다. 게다가 에스라 제사장을 통해 큰 부흥을 경험하는 은혜를 누리면서 어떻게 살 것인지를 서명하기도 하고 결심하기도 했답니다.

예루살렘 성은 다윗 성이었습니다. 사람들은 하나님의 백성들이 사는 성이라고 하여 시온 성, 거룩한 성이라는 자부심을 가지고 바라보고 있었습니다. 그리고 그런 아름다운 성이 되도록 모두가 노력하여 이방 사람들에게 더 이상 수치를 받지 않을 것이라고 다짐을 했답니다.

거룩한 성, 하나님의 성은 저절로 되는 것이 아니었습니다. 하나님의 사람들이 그 곳에 거주해야 했던 겁니다. 그래서 예루살렘 성을 하나님의 성답게 만들기 위해 사람들로 하여금 들어와 살라고 했지요. 그러나 모든 사람이 다 들어와 살 수는 없었습니다. 성 안이 제한되어 있었기 때문이었습니다. 그렇다고 특정한 차별로 성 안에 살 수 있도록 한다든지 할 수도 없는 노릇이었지요. 반면에 성 안에 살 사람이 의외로 없다면 그것도 문제가 되는 거였습니다. 그래서 우선은 백성들의 지도자들에게 들어와 살 것을 권했고, 나머지 일반 사람들은 제비뽑기를 해서 들어와 살게 하기로 했지요. 예루살렘 성은 사실상 일반 백성들의 1/10 정도 밖에 수용할 수 없었습니다. 나머지 9/10의 사람들은 성 밖 다른 곳에서 살아야 했답니다.

백성의 지도자들은 모두가 성 안에서 살기로 결심하였습니다만 일반 백성들은 의외의 결과였습니다. 성 안에서 살겠다고 자원하는 자가 많을 줄 알았는데 그 숫자에 훨씬 미치지를 못했던 겁니다. 이유가 있었습니다. 성 안에서 산다는 건 많은 제약을 각오해야 했기 때문이었습니다. 엄격한 생활을 해야 한다는 부담이 있었고, 게다가 예루살렘 성은 여전히 산발랏을 비롯한 방해꾼들의 테러 공격의 목표가 될 것이라는 불안함이 있었으며 일상적인 활동에도 자유롭지 못할 것이라는 우려가 일반 백성들의 심리 속에 깊이 파고들고 있었기에 자원 숫자가 적었던 겁니다. 결국은 너무 많아서 제비뽑기를 한 것이 아니라 너무 적어서 제비뽑는 일을 했답니다.

제비뽑기로 인해 예루살렘 성 안에서 살게 될 사람들이 결정되었습니다. 어떤 사람은 감격하기도 했고 어떤 사람은 부담이 되어서 그런지 불편해 하고 있었답니다. 그러나 일단 결정된 사람들에게는 하나님의 축복이 있기를 기원했지요.

> 『백성의 두목들은 예루살렘에 머물렀고 그 남은 백성은 제비 뽑아 십분의 일은 거룩한 성 예루살렘에 와서 거하게 하고 그 구분은 다른 성읍에 거하게 하였으며 무릇 예루살렘에 거하기를 자원하는 자는 백성들이 위하여 복을 빌었느니라』(11:1-2)

성(城) 안에 들어와 사는 건 불편한 겁니다.
하나님의 백성이라는 걸 티내고 사는 거니까요.
아주 작은 실수나 잘못이 있다 하더라도
사람들의 눈에 금방 띄게 되거든요.
사람들의 구설수에 오르게 되지요.
엄청난 통제를 받게 되고 스스로도 통제를 해야 하는 것이
성 안의 생활이거든요.

그래서 성 안의 삶이 부담스러운 겁니다.

성(城) 안에 들어와 사는 건 위험하답니다.
하나님의 백성이기에 사탄의 공격 목표가 되지요.
언제 돌이 날아올지 모릅니다.
언제 가족이 테러를 당할지 모릅니다.
언제 납치될 지도 모른답니다.
항상 위험으로부터 긴장하고 있어야 한답니다.
그래서 성 안의 삶이 부담스러운 겁니다.

성(城) 안에 들어와 사는 건 재미없는 삶이랍니다.
사생활을 포기해야 하거든요.
돈 버는 재미도, 즐기는 재미도, 대접 받는 재미도...
반면에 하나님 원하시면 언제나 나서야 하는 거랍니다.
그래서 성 안의 삶이 부담스러운 겁니다.

예루살렘 성 안의 삶은 부담스러운 겁니다.
그러나 그 삶이 바른 삶이랍니다.
그래서 사람들은 자기는 못 살아도
그곳에서 살기로 한 사람을
축복하는 거랍니다.

그리스도 안에서의 삶은 부담스러운 거(?)랍니다.
그러나 그 삶은 생명의 삶이랍니다.
그렇기에 자신은 그리스도 안에 살지 않으면서도

그 안에 사는 사람을 복되다고 하는 것이고

그 사람을 존경하는 거랍니다.

그 사람에게 거는 기대도 그만큼 다르다는 것이구요!

성 안에 살기로 한 사람들의 명단입니다.

지도자들;

『이스라엘과 제사장들과 레위 사람들과 느디님 사람들과 솔로몬의 신복의 자손은 유다 여러 성읍에서 각각 그 본성 본 기업에 거하였고 예루살렘에 거한 그 도의 두목들은 이러하니 예루살렘에 거한 자는 유다 자손과 베냐민 자손 몇 명이라 유다 자손 중에는 베레스 자손 아다야니 저는 웃시야의 아들이요 스가랴의 손자요 아마랴의 증손이요 스바댜의 현손이요 마할랄렐의 오대손이며 또 마아세야니 저는 바룩의 아들이요 골호세의 손자요 하사야의 증손이요 아다야의 현손이요 요야립의 오대손이요 스가랴의 육대손이요 실로 사람의 칠대손이라 예루살렘에 거한 베레스 자손의 도합이 사백육십팔 명이니 다 용사이었느니라』(11:3-6)

베냐민 사람들;

『베냐민 자손은 살루니 저는 므술람의 아들이요 요엣의 손자요 브다야의 증손이요 골라야의 현손이요 마아세야의 오대손이요 이디엘의 육대손이요 여사야의 칠대손이며 그 다음은 갑배와 살래 등이니 도합이 구백이십팔 명이라 시그리의 아들 요엘이 그 감독이 되었고 핫스누아의 아들 유다는 버금이 되

어 성읍을 다스렸느니라』(11:7-9)

제사장들;

『제사장 중에는 요야립의 아들 여다야와 야긴이며 또 하나님의 전을 맡은 자 스라야니 저는 힐기야의 아들이요 므술람의 손자요 사독의 증손이요 므라욧의 현손이요 아히둡의 오대손이며 또 전에서 일하는 그 형제니 도합이 팔백이십이 명이요 또 아다야니 저는 여로함의 아들이요 블라야의 손자요 암시의 증손이요 스가랴의 현손이요 바스훌의 오대손이요 말기야의 육대손이며 또 그 형제의 족장 된 자니 도합이 이백사십이 명이요 또 아맛새니 저는 아사렐의 아들이요 아흐새의 손자요 므실레못의 증손이요 임멜의 현손이며 또 그 형제의 큰 용사니 도합이 일백이십팔 명이라 하그돌림의 아들 삽디엘이 그 감독이 되었느니라』(11:10-14)

제사장들,
사람들의 아픔을 위해 하나님 앞에서 제사 드리는 사람입니다.
대신 기도하는 사람이고, 위하여 기도하는 사람이랍니다.
하나님의 말씀으로 위로하고 방향을 알려 주는 사람이지요.
사생활이 없는 사람입니다.
하나님의 백성 공동체가 해야 하는 일을 위해서만
존재하는 사람이랍니다.
먹고 사는 일, 이름 남기는 일, 영광 받는 일,
재미있는 일을 하지 않기로
부름 받고 부름에 응답한 목회자들,

사생활을 버려야지요.

세상 사람들과는 다르게 생각하고 살아야 하는 거랍니다.

공동체를 위해 말씀 준비하고

하나님의 백성들을 위해 주야로 기도하고

하나님의 자녀들을 품고 하나님께 나아가는 일에만

전념해야 하는 거랍니다.

레위 사람들;

『레위 사람 중에는 스마야니 저는 핫숩의 아들이요 아스리감의 손자요 하사뱌의 증손이요 분니의 현손이며 또 레위 사람의 족장 삽브대와 요사밧이니 저희는 하나님의 전 바깥 일을 맡았고 또 아삽의 증손 삽디의 손자 미가의 아들 맛다냐니 저는 기도할 때에 감사하는 말씀을 인도하는 어른이 되었고 형제 중에 박부갸가 버금이 되었으며 또 여두둔의 증손 갈랄의 손자 삼무아의 아들 압다니 거룩한 성에 레위 사람의 도합이 이백팔십사 명이었느니라』(11:15-18)

하나님 성전의 일들을 맡은 사람들이 있습니다.

제사장이 하는 일을 하는 것이 아니라

제사장들이 일을 잘 하도록 준비하고

제사장들이 일을 마친 후 뒤처리를 하는 일이지요.

귀찮은 일입니다. 허드레 일입니다.

남보다 미리 와서 준비하고

남보다 나중까지 남아서 일을 해야 하는 거지요.

그런데 그들이 없으면 안 된답니다.

존귀한 일꾼들이랍니다.

공동체 속에서의 우리의 사역,

미리 준비해 주고 나중까지 뒤처리를 해 주는 일일지라도

그 일로 인해 목회자가 목회에 전념할 수 있다면

그 일로 인해 형제자매들이 행복할 수 있다면

그거야 말로 하나님께서 기뻐하시는 사역이 아닐까요?

한 어른이 있습니다.

(맛다냐라고 하는 분입니다.)

기도할 때 감사하는 말을 하는 분이랍니다.

기도한다는 건 요청한다는 의미로 들리는데

기도는 필요한 것이 있을 때 필요한 것만을 구할까 하여

그게 아니라는 것을 알려 주기 위해

감사하는 말을 하도록 하는 사람을 둔 거지요.

그래요.

기도는 요청할 것이 있어서 하는 게 아니에요.

하나님께로부터 받은 은혜로 인해

감사를 표현하는 것이 기도랍니다.

살기 어려운 이때

가정의 일로, 물질의 문제로, 오해로, 건강으로,

그리고 많은 일들로 인해 힘들어 할 때,

웃시의 사역은 자기 기분 따라 한 일이 아니네요.
왕의 명령 아래서 행해진 일이랍니다.

우리의 사역도 우리 기분에 따라 하는 건 옳지 않은 거랍니다.
우리의 주인인 하나님이 계시잖아요.
그분이 일하는 방법을 알려 주셨답니다.
우린 그분의 뜻에 따르기 위해 최선을 다할 때만
착한 일꾼 좋은 일꾼이 되는 거랍니다.

8 느 11:25-36
작은 공동체들

예루살렘 성 안에 살게 된 사람들을 제외하고 나머지 사람들은 17개의 마을로 흩어져 살았습니다. 주로 유다 지파 사람들과 베냐민 지파 사람들을 중심으로 마을이 형성되고 있었지요.

『향리와 들로 말하면 유다 자손의 더러는 기럇 아바와 그 촌과 디본과 그 촌과 여갑스엘과 그 동네에 거하며 또 예수아와 몰라다와 벧벨렛과 하살수알과 브엘세바와 그 촌에 거하며 또 시글락과 므고나와 그 촌에 거하며 또 에느림몬과 소라와 야르뭇에 거하며 또 사노아와 아둘람과 그 동네와 라기스와 그 들과 아세가와 그 촌에 거하였으니 저희는 브엘세바에서부터 힌놈의 골짜기까지 장막을 쳤으며 또 베냐민 자손은 게바에서부터 믹마스와 아야와 벧엘과 그 촌에 거하며 아나돗과 놉과 아나냐와 하솔과 라마와 깃다임과 하딧과 스보임과 느발랏과 로드와 오노와 공장 골짜기에 거하였으며 유다에 있던 레위 사람의 어떤 반열은 베냐민과 합하였느니라」(11:25-36)

자의건 타의건 선택받은 사람은 예루살렘 성 안에 살게 되었고
나머지 사람은 성 밖에 살게 되었답니다.
성 안도 중요하지만 성 밖도 중요한 거지요.
어디에 사느냐 하는 것도 중요합니다만
더 중요한 건 어떻게 사는가 하는 거랍니다.
성 안보다 성 밖에서의 삶이 더 중요하답니다.

예루살렘에 거한 사람들의 숫자가 3,044명입니다.

이 숫자가 1/10 정도라면 전체 숫자는 약 30,000 명이 된다는 거지요. 그런데 당시에는 여자와 아이들을 숫자에 넣지 않았답니다. 그러므로 여자와 아이들까지를 생각해서 계산한다면 당시 바사에서 예루살렘과 이스라엘 땅으로 돌아와 살고 있었던 사람은 적어도 100,000명이 훨씬 넘었을 것으로 생각됩니다.

「공장 골짜기(The Valley of the Craftsman)」

특별한 용어이고 지명입니다만 말 그대로 공장이 많이 있었던 지역이라는 말입니다. 블레셋 사람들이 무기를 만들거나 혹은 농기구를 만들기 위한 공장을 두었던 곳이기에 붙여진 별명이라 생각됩니다. 아니면 블레셋 사람이 아니더라도 이곳에는 공장이 많았다는 말이겠죠.

성 밖에는 하나님을 모르는 사람들의 눈이 있기 때문입니다.

성 밖에서의 나의 삶이 하나님의 영광을 좌우하기 때문이지요.

성 밖에서의 말, 행동, 웃음, 먹고 마시는 것,

가는 곳, 만나는 사람...

모든 것이 하나님을 모르는 사람들에게

노출되어 있음을 잊으면 안 됩니다.

우리 대부분은 성 밖에서 사는 사람들,

성 안 사람보다 더욱 긴장하면서 살아야 하는 것을

잊지 마세요!

다음은 1차 귀환 이후에 예루살렘으로 귀환하여 성전에서 일한 레위 사람들의 이름을 기록했습니다. 이 이름은 주로 찬양대를 인도한 사람들의 명단이랍니다.

『레위 사람은 예수아와 빈누이와 갓미엘과 세레뱌와 유다와 맛다냐니 이 맛다냐는 그 형제와 함께 찬송하는 일을 맡았고 또 그 형제 박부갸와 운노는 직무를 따라 저의 맞은편에 있으며』(12:8-9)

세 번째 명단은 1차 귀환 때 스룹바벨과 함께 귀환한 대제사장 예수아의 후손들의 명단인데, 이 가문이 어떻게 이어지면서 백성들을 섬겼는지를 소개하고 있는 것이지요.

『예수아는 요야김을 낳았고 요야김은 엘리아십을 낳았고 엘리아십은 요야다를 낳았고 요야다는 요나단을 낳았고 요나단은 얏두아를 낳았느니라』(12:10-11)

네 번째 명단은 1차 귀환 때의 예수아 대제사장의 아들로서 예수아를 이어 대제사장 역할을 한 요야김 대제사장 때 그를 도와서 이스라엘을 신앙 공동체로 뿌리내리게 했던 제사장들의 이름들을 기록해 놓았답니다.

『요야김 때에 제사장의 족장 된 자는 스라야 족속에는 므라야요 예레미야 족속에는 하나냐요 에스라 족속에는 므술람이요 아마랴 족속에는 여호하난이요 말루기 족속에는 요나단이요 스바냐 족속에는 요셉이요 하림 족속에는 아드

나요 므라욧 족속에는 헬개요 잇도 족속에는 스가랴요 긴느돈 족속에는 므술람이요 아비야 족속에는 시그리요 미냐민 곧 모아댜 족속에는 빌대요 빌가 족속에는 삼무아요 스마야 족속에는 여호나단이요 요야립 족속에는 맛드내요 여다야 족속에는 웃시오 살래 족속에는 갈래요 아목 족속에는 에벨이요 힐기야 족속에는 하사뱌요 여다야 족속에는 느다넬이었느니라』(12:12-21)

다섯 번째는 요야김 대제사장 시대의 헌신된 사람으로 기록된 명단(12:12-21)뿐만 아니라 그 후에 있던 대제사장(엘리아십, 요야다, 요나단, 얏두아)

바사 왕 「다리오」는 누구일까요?

다리오 3세(코도마누스; 336-331 B.C.)라고 하는 견해와 다리오 2세(423-404 B.C.)라고 하는 견해가 있습니다. 그런데 문제가 심각합니다. 다리오 3세라는 견해를 따르면 느헤미야의 저자가 느헤미야가 아니라는 말이고(느헤미야는 400년 B.C.에 죽은 것으로 봅니다.) 다리오 2세라고 하면 얏두아라고 하는 대제사장의 생존 연대가 문제가 됩니다. 얏두아 대제사장은 예수아의 6대손이기에 다리오 3세 때(알렉산더 대왕 때/ 333년 B.C.) 활동한 사람으로 보는 것이 합리적이기 때문입니다. 이 문제에 대하여 이런 해답이 있습니다. 결론을 먼저 말하면 얏두아 대제사장은 다리오 2세(423-404 B.C.) 때에 사역한 사람이라는 겁니다. (이 말은 그의 선배 대제사장들의 수명이 짧았다는 말이겠죠.) 이런 추측을 뒷받침하는 증거로 엘레판틴 파피루스에 보면 얏두아의 아버지인 요하난의 대제사장 사역이 480년에 끝난 것으로 되어 있기에그 아들 얏두아는 그 뒤에 대제사장 역할을 한 것이고 400년에 죽은 느헤미야는 자신의 책을 쓰면서 자기 시대에 활동했던 얏두아의 대제사장 역할을 칭찬하면서 그의 이름을 기록한 것이라는 것이죠. 그런 맥락 아래 본문의 다리오 왕은 3세가 아니라 2세라는 겁니다.

들을 도운 헌신된 제사장들이 계속 있었음을 강조하고 있는 내용입니다.

『엘리아십과 요야다와 요하난과 얏두아 때에 레위 사람의 족장이 모두 책에 기록되었고 바사 왕 다리오 때에 제사장도 책에 기록되었고』(12:22)

여섯 번째는 제사장 아닌 성직 봉사자 레위 사람들도 많이 있었음을 알려 주기 위해 기록한 내용입니다. 그 가운데는 찬양하는 사람과 성전은 물론 예루살렘 성 문을 지키는 사람들의 이름도 있었답니다.

『레위 자손의 족장들은 엘리아십의 아들 요하난 때까지 역대지략에 기록되었으며 레위 사람의 어른은 하사뱌와 세레뱌와 갓미엘의 아들 예수아라 저희가

느헤미야 12장 1-26절은

대제사장들과 그들을 도운 레위 사람들의 명단입니다. 무대는 예루살렘과 유다 땅이지요. 당시 예루살렘을 중심으로 유다의 통치는 총독이나 왕이 아니라 대제사장에 의해서 정치되었다는 걸 말하고 있는 겁니다. 바사 왕의 은총으로 팔레스타인 땅은 유대인들이 들어가 살기 시작하면서 유다인들은 신앙 공동체로 뿌리내렸는데 그 일을 강력하게 이끈 사람이 예수아였고 에스라였던 겁니다. 바사가 역사 가운데서 사라지면서 세계를 통치하는 새 제국(그리스/331-63 B.C., 로마/63년 B.C. 이후)이 등장하지만 유다는 여전히 독립을 할 수 없었기에 왕을 세우지를 못했답니다. 그러나 민족의 실질적인 통치자가 있어야 했는데 그가 대제사장이었던 거지요. 그러므로 훗날 대제사장이 되기 위한 투쟁이 심해진 것은 권력 때문이었던 겁니다.

그 형제의 맞은편에 있어 하나님의 사람 다윗의 명한 대로 반차를 따라 주를 찬양하며 감사하고 맛다냐와 박부갸와 오바댜와 므술람과 달몬과 악굽은 다 문지기로서 반차대로 문 안의 곳간을 파수하였나니 이상 모든 사람은 요사닥의 손자 예수아의 아들 요야김과 방백 느헤미야와 제사장 겸 서기관 에스라 때에 있었느니라」(12:23-26)

⑩ 느 12:27-43

성벽 준공 감사 및 봉헌

예루살렘 수문 앞에서의 부흥회와 초막절 지키는 일들이 있고 사람들이 생활 터전을 잡자, 민족의 지도자들은 예루살렘 성벽 중건 감사 및 봉헌식을 갖기로 하고 발 빠른 준비를 했습니다. 지금까지는 예루살렘 주변에서 일어난 일이지만 이번 감사 및 봉헌은 알릴 수 있는 가능한 지역에 다 알려 큰 축제로 하기로 한 거지요. 무엇보다 레위 사람을 찾아 예루살렘에 모이도록 하여 찬양대를 조직하도록 한 겁니다.

성벽 감사 및 봉헌을 위한 찬양대를 모집한다는 소리를 들은 레위 사람들은 여기저기서 기쁜 마음으로 몰려들었습니다. 멀리 느도바 사람이 사는 동네(예루살렘에서 약 24km 떨어진 베들레헴 지역)에서 온 것은 물론이고 벧길갈, 게바, 아스마 웻에서도 왔답니다.

감사 및 봉헌식에 참여할 제사장들과 레위 사람들은 율법에 따라 몸과 마음을 정결케 하는 시간들을 보내고 있었고 예루살렘 성문과 성안을 정결케 하면서 축제를 준비하고 있었던 겁니다. 몸과 마음, 그리고 주변을 정결케 하는 일은 율법에 따라 금식과 짐승의 피를 뿌리는 의식, 거룩한 물을 뿌리는 의식으로 하고 있었지요.

> 『예루살렘 성곽이 낙성되니 각처에서 레위 사람들을 찾아 예루살렘으로 데려다가 감사하며 노래하며 제금 치며 비파와 수금을 타며 즐거이 봉헌식을 행하려 하매 이에 노래하는 자들이 예루살렘 사방 들과 느도바 사람의 동네에서 모여 오고 또 벧길갈과 게바와 아스마 들에서 모여 왔으니 이 노래하는 자들은 자기를 위하여 예루살렘 사방에 웻 동네를 세웠음이라 제사장들과 레위 사람들이 몸을 정결케 하고 또 백성과 성문과 성을 정결케 하니라』(12:27–30)

예배를 준비하세요.
마음 준비해야지요.
나의 예배를 기다리시는 하나님을 생각하면서 준비하는 겁니다.
예배자를 찾고 계시는 하나님의 심정을 생각해 보는 겁니다.
나의 예배를 즐거워하실 하나님을 상상해 보는 겁니다.
준비된 마음이라면
예배에 참석하기 전에 은혜가 자리잡고 있는 겁니다.

그 마음은 선한 마음이고 그 마음은 감사가 충만한 마음이고
그 마음은 헌신이 결단된 마음이랍니다.
준비하고 있는 예배자는 그 많던 문제들이
이미 응답된 것을 알고 있답니다.

예배를 준비하는 사람은
몸을 준비한답니다.
더러운 것을 보지 않고 듣지도 않지요.
악한 말과 추한 말을 하지 않는답니다.
죄악 된 곳을 가지도 않고 죄악 된 사람을 만나지도 않는답니다.
하나님이 원치 않는 것을 먹지도 만지지도 않는답니다.
왕이신 하나님께 순결한 몸을 드리고 싶기 때문이랍니다.

예배를 준비하는 사람은
받은 은혜를 위해 기도한답니다.
부를 찬송, 드릴 기도, 들을 말씀,
함께 예배드리는 사랑하는 형제와 자매를 위해
기도하지요.
악한 영이 예배를 방해하지 못하도록 기도하지요.

우린 예배를 드리는 사람들,
우리의 예배드림이
하나님 마음에 기쁨 드려야겠지요!

든든한 성벽 위에 유다를 대표하는 지도자들이 올랐습니다. 그 뒤로는 수많은 찬양대원들이 두 그룹으로 질서 있게 행렬을 갖추고 있었는데, 느헤미야를 중심으로 한 찬양대는 좌측 즉 분문 쪽으로 향해 행렬하고 있었고, 에스라를 주축으로 하는 한 그룹은 성 우편으로 행렬하고 있었습니다.

에스라가 이끄는 행렬의 찬양대와 함께한 사람은 호세야를 비롯한 유다의 지도자들의 절반에 해당하는 사람들이었습니다. 그 사이에는 나팔을 부는 제사장들이 끼어 있었고, 스가랴와 그의 형제 스마야와 아사렐, 밀랄래, 길갈래, 마애, 느다넬, 유다, 하나니 등은 음악을 전공한 사람들로서 자기의 악기를 가지고 음악의 중추적인 역할을 하고 있었지요. 찬양대 앞에는 대제사장 에스라가 있었습니다.

성 위의 행렬은 장관이었습니다. 수많은 사람들이 성 위에 올라 찬양을 하면서 행진하는 모습은 성벽의 든든함과 웅장함을 과시하고 있었던 것이지요. 행렬은 샘문을 지나 다윗 성으로 가는 층계를 지나 궁전의 사이 길로 해서 수문에 이르고 있었답니다.

『이에 내가 유다의 방백들로 성 위에 오르게 하고 또 감사 찬송하는 자의 큰 무리를 두 떼로 나누어 성 위로 항렬을 지어 가게 하는데 한 떼는 우편으로 분문을 향하여 가게 하니 따르는 자는 호세야와 유다 방백의 절반이요 또 아사랴와 에스라와 므술람과 유다와 베냐민과 스마야와 예레미야며 또 제사장의 자손 몇이 나팔을 잡았으니 요나단의 아들 스마야의 손자 맛다냐의 증손

미가야의 현손 삭굴의 오대손 아삽의 육대손 스가랴와 그 형제 스마야와 아사렐과 밀랄래와 길랄래와 마애와 느다넬과 유다와 하나니라 다 하나님의 사람 다윗의 악기를 잡았고 학사 에스라가 앞서서 샘문으로 말미암아 전진하여 성으로 올라가는 곳에 이르러 다윗성의 층계로 올라가서 다윗의 궁 윗길에서 동향하여 수문에 이르렀고』(12:31-37)

느헤미야를 앞장 세워 행진하는 다른 찬양대원의 모습도 장관이기는 마찬가지였습니다. 백성의 절반은 느헤미야 행렬을 따르고 있었던 거지요. 감옥으로 들어가는 문까지가 느헤미야 행렬의 마지막이었던 겁니다.

『감사 찬송하는 다른 떼는 저희를 마주 진행하는데 내가 백성의 절반으로 더불어 그 뒤를 따라 성 위로 행하여 풀무 망대 윗길로 성 넓은 곳에 이르고 에브라임 문 위로 말미암아 옛문과 어문과 하나넬 망대와 함메아 망대를 지나 양문에 이르러 감옥 문에 그치매』(12:38-39)

성 위에서 벌어지고 있는 거대한 행렬과 찬양의 우렁참은 유다와 이스라엘 사람들을 흥분시키는 것은 물론이었지만 다른 민족 사람들에게는 충격이었습니다. 엊그제 성벽을 중건한다고 부산을 떤 것 같은데 어느새 완공이 되어 축제를 벌이고 있었고 완공이 된 성곽이 여우가 올라가도 무너질 것이라는 소문과는 달리 수많은 사람들이 동시에 올라가 행렬을 하고 있음에도 끄떡하지 않는 든든하고도 장대한 성곽이었기 때문이었지요.

두 방향으로 돌던 찬양 행렬이 성전 앞에서 만났습니다. 합해진 두 행렬에서 나오는 찬양은 더 우렁찼습니다. 제사장 엘리아김과 마아세야와 미냐민과 미가야와 엘료에내와 스가랴와 하나냐가 나팔을 잡고 있었답니다. 또 예스라히야를 중심으로 마아세야, 스마야, 엘르아살, 웃시, 여호하난, 말기야, 엘람, 에셀 이라고 하는 사람들이 찬양을 인도하면서 하나님께 영광을 돌리고 있었지요.

찬양하는 자들의 노래 말은 이랬습니다.

여호와는 광대하시니
우리 하나님의 성, 거룩한 산에서 극진히 찬송하리로다
터가 높고 아름다워 온 세계가 즐거워함이여
큰 왕의 성 곧 북방에 있는 시온산이 그러하도다
하나님이 그 여러 궁중에서 자기를 피난처로 알리셨도다
열왕이 모여 함께 지났음이여
저희가 보고 놀라고 두려워 빨리 갔도다
거기서 떨림이 저희를 잡으니 고통이 해산하는 여인 같도다
주께서 동풍으로 다시스의 배를 깨뜨리시도다
우리가 들은 대로 만군의 여호와의 성, 우리 하나님의 성에서 보았나니
하나님이 이를 영영히 견고케 하시리로다(셀라)
하나님이여 우리가 주의 전 가운데서 주의 인자하심을 생각하였나이다
하나님이여 주의 이름과 같이 찬송도 땅 끝까지 미쳤으며
주의 오른손에는 정의가 충만하였나이다
주의 판단을 인하여 시온산은 기뻐하고 유다의 딸들은 즐거워할지어다
너희는 시온을 편답하고 그것을 순행하며 그 망대들을 계수하라
그 성벽을 자세히 보고 그 궁전을 살펴서 후대에 전하라
이 하나님은 영영히 우리 하나님이시니

우리를 죽을 때까지 인도하시리로다 (시 48:1-14)

찬양으로 인한 감동에 이어 제사장들은 하나님께 제사를 드리기 시작했습니다. 어른들만의 기쁨이 아니었습니다. 남녀노소 모두에게 임한 감동이었던 겁니다. 예루살렘 성 안에서는 물론 성 밖 멀리까지 찬양의 소리가 들렸고 저들의 즐거워하는 소리가 들렸답니다. 하나님께서 주신 기쁨이 틀림없었습니다.

『이에 감사 찬송하는 두 떼와 나와 민장의 절반은 하나님의 전에 섰고 제사장 엘리아김과 마아세야와 미냐민과 미가야와 엘료에내와 스가랴와 하나냐는 다 나팔을 잡았고 또 마아세야와 스마야와 엘르아살과 웃시와 여호하난과 말기야와 엘람과 에셀이 함께 있으며 노래하는 자는 크게 찬송하였는데 그 감독은 예스라히야라 이 날에 무리가 크게 제사를 드리고 심히 즐거워하였으니 이는 하나님이 크게 즐거워하게 하셨음이라 부녀와 어린 아이도 즐거워하였으므로 예루살렘의 즐거워하는 소리가 멀리 들렸느니라』(12:40-43)

말싸움에서 이겼다고 해서 이긴 것이 아닙니다.
상대방의 속을 뒤집어 놓았다고 해서 이긴 것이 아닙니다.
열매가 승리와 패배를 증거 할 것이지요.
그렇기에 어떤 일이 있어도 흔들리지 않아야 합니다.
아름답고 충실한 열매를 맺을 때까지
원수가 무슨 말을 하든지 어떤 음모를 꾸미든지

어떤 악한 행동을 하든지 간에 흔들리지 않아야
우리에게 주신 사명을 건실히 이룰 수가 있는 거랍니다.
그때까지 귀를 막고 마음을 굳게 하고 앞만 보고 간다는 것이
그리 쉬운 것은 아닙니다만
반드시 그렇게 해야만 합니다.
그래서 열매 맺어 원수 앞에서 하나님을 높이며
찬송하고 기뻐하는 것으로 승리를 만끽해야지요!

하나님께서 기쁨을 주셔야 합니다.
사람이 만든 기쁨은 소멸되기 때문입니다.
사람이 만든 기쁨은 허탈하고 공허하기 때문입니다.
사람이 만든 기쁨은 우울하게 만들기 때문입니다.
하나님이 주신 기쁨은 거듭남으로부터 시작한답니다.
말씀을 통해 하나님과 그분의 뜻을 발견할 때 생긴답니다.
하나님의 거룩한 뜻을 이룰 때 샘솟는 기쁨을 경험하지요.
가짜 기쁨 가지고 진짜 기쁨인 것처럼 사는 시대입니다.
우린 세상의 누구도 흉내 낼 수 없고 이해할 수도 없는
하나님께서 주시는 하늘의 기쁨 샘솟는 기쁨을 가지고
살아가야지요!

⓫ 느 12:44-47

기뻐하는 사람들

유다와 이스라엘 사람들은 솟아나는 기쁨으로 감동의 시간들을 보내고 있었습니다. 더군다나 삶과 신앙의 방향을 제시해 주고 인도해 주는 제사장들과 레위 사람들이 얼마나 고마웠는지 모릅니다. 말씀을 읽어주고 해석해 주는 것만도 고마운데 위로해 주고 기도해 주며 용기를 주는 것이 얼마나 감사한지요. 물론 하나님을 섬기는 일에 온 정성을 다하면서 피곤한지도 모르고 섬기는 모습이 존경스러웠답니다.

전에는 저들이 존경스럽지 않았습니다. 게으르기도 하고 자기 이(利)속만을 챙기며 사람들의 눈치만 보곤 했거든요. 그런데 지금은 그렇지 않은 겁니다. 열심히 하나님을 섬기고 진실한 마음으로 백성들을 돌보는 일을 하는 거였습니다.

그래서 그런지 사람들은 제사장과 레위인들 그리고 성전에서 일하는 사람들을 위하여 율법에서 명한대로 필요한 것을 공급하기로 했지요. 정말 자원하는 마음으로 드리는 성물(聖物)이었습니다.

『그 날에 사람을 세워 곳간을 맡기고 제사장들과 레위 사람들에게 돌릴 것 곧 율법에 정한 대로 거제물과 처음 익은 것과 십일조를 모든 성읍 밭에서 거두어 이 곳간에 쌓게 하였노니 이는 유다 사람이 섬기는 제사장들과 레위 사람들을 인하여 즐거워함을 인함이라 저희는 하나님을 섬기는 일과 결례의 일을 힘썼으며 노래하는 자들과 문지기들도 그러하여 모두 다윗과 그 아들 솔로몬의 명을 좇아 행하였으니 옛적 다윗과 아삽의 때에는 노래하는 자의 두목이 있어서 하나님께 찬송하는 노래와 감사하는 노래를 하였음이며 스룹바벨과 느헤미야 때에는 온 이스라엘이 노래하는 자들과 문지기들에게 날마다 쓸 것을 주되 그 구별한 것을 레위 사람들에게 주고 레위 사람들은 그것을 또 구별하여 아론 자손에게 주었느니라』(12:44-47)

저는 목회자입니다.
제 사역으로 인해 하나님께서 기뻐하시는 것은 물론이고
하나님의 자녀들이 기쁨과 즐거움이 넘치면 좋겠다는 생각입니다.
물론 하나님을 기쁘게 하다보면 본의가 아니게 성도들의 마음에
부담과 아픔을 줄 수도 있습니다만

목회자의 사역이 거듭난 성도들에게 기쁨이 되어야겠지요.

생각해 보았답니다.

어떻게 하면 성도들에게 기쁨을 줄 수 있는지를.

먼저는 하나님을 깊이 사랑하는 사역자이어야겠구요.

자신의 야망이나 욕심을 이루기 위한 사역이나 목회가 아니라

성도의 영혼을 위한 목회와 사역이어야겠지요.

그리고 그 일을 위해 게으르지 않고

부지런하게 일하는 목회자이어야 할 것 같아요.

성경을 사랑하고 기도 열심히 하고...

돈과 명예를 추구하지 않고...

그러면 얼마나 존경 받고 사랑 받는 목회자

사역자 일까 하는 생각입니다.

나의 목회 사역으로 인해

성도들이 기쁘고 즐거웠으면 좋겠습니다.

목회 사역자들을 사랑하세요.

평범하게 살고 싶지만 평범하게 봐 주질 않는 것이

목회자의 삶이기에 가슴앓이를 많이 한답니다.

똑같은 사람이거든요. 정말!

위로도 필요하고 격려도 필요하답니다.

사랑도 필요하고 용서도 필요하고 이해도 필요하답니다.

일반 사람들이 생각하는 그것과 똑같은 생각 하면서 산답니다.

일반 성도들이 겪는 고통들과 똑같은 고통 겪으면서 산답니다.

보통 사람들이 울 때 목회자도 울고

그들이 웃을 때 목회자도 웃는답니다.

가장 위선자가 되기 쉬운 직업(?)이 목회자라는 것을 알면서도

그 길 가고 있기에 이러지도 못하고 저러지도 못하면서

하루하루 걸어가는 것이 목회자의 삶이랍니다.

힘들어도 힘들지 않은 척해야 하고

믿음 없어도 믿음 있는 척 해야 하고

슬프면서도 기쁜 척 해야 하고 배고프면서도 배부른 척 하는 게

얼마나 힘든 일인데요!

알고 보면 목회자의 길을 가는 사람,

정말 측은한 사람이랍니다.

목회자... 사랑해 주세요.

4

〉〉 네 번째 이야기 느13장-말4장

죄인과 하나님의 계획

완성된 예루살렘 성 안에 이스라엘 사람들이 북적거리고 있었습니다. 지저분한 것들도 성벽 중건하는 동안 많이 정리가 되어 거리는 깨끗했고 빈 집으로 이사를 들어오는 사람이 있는가 하면 새 집을 짓고 삶의 터전을 마련하는 사람도 있었습니다. 하여간 이런 저런 일로 성 안의 모습은 활기찼습니다. 이스라엘 사람이라면 하나 같이 생각하기를 이젠 하나님이 주신 성에서 영원토록 살게 될 것을 믿었답니다. 몇 달 동안 중건된 성 안으로 사람들이 모여들면서 성(城)을 성(城)답게 만든 겁니다. 정말 어느 족속의 성과 비교한다 하더라도 손색이 없는 아 [illegible] 데 이상한 건 힘들게 성을 중건했는데 하나님께 감사의 제사를 드리지 않았다는 거지요. 성 안에 모인 사람들은 중건 감사 제사를 드리지 않고 산다는 것이 미안했는지 서로들 중건 몇 달 동안 중건된 성 안으로 사람들이 모여들면서 성(城)을 성(城)답게 만든 겁니다. 정말 몇 달 동안 중건된 성 안으로 사람들이 모여들면서 성(城)을 성(城)답게 만든 겁니다. 정말

THE BIBLICAL STORYTELLING BIBLE STUDY

❶ 느 13:1-31
바로 잡음

예루살렘 성벽을 중건한 느헤미야는 아닥사스다 왕의 허락으로 유다에 머물면서 유다와 예루살렘을 다스리고 있었습니다. 성벽 재건을 마치고 봉헌 축제를 한 후 바사로 돌아가려 했습니다만 유다와 예루살렘을 잡아먹지 못해서 안달이 나 있는 세력들이 있었기에 예루살렘에 머물기로 한 겁니다. 백성들도 느헤미야의 머무름을 좋아했습니다. 성벽을 짓는 일에 앞장을 섰기에 그렇기도 했습니다만 자신이 바사 제국으로부터 받는 모든 재물을 자신을 위해서는 한 푼도 쓰지를 않고 모두 백성들을 위해 내놓는 헌신이 존경스러웠기 때문입니다.

느헤미야가 예루살렘에 머무르면서 백성들과 함께 한 세월이 10년 이상이 되었습니다. 느헤미야는 최선을 다해 예루살렘과 유다를 다스린다고 생각했습니다만 느헤미야가 알지 못하는 일들이 여기저기서 발생하고 있었답니다. 다른 일이 아니었습니다. 백성들이 적이었고 경계의 대상이었던 이방인들과 친밀하게 지내는 거였지요. 어떤 이는 지난 날 처리했던 이방인과 사돈 관계 맺는 죄악을 다시 행하고 있는 겁니다. 물론 느헤미야의 눈을 피해서 그런 일을 한 거지요.

유다와 예루살렘을 다스리던 느헤미야 총독이 바사 왕 아닥사스다를 만나기 위해 출장(?)을 떠나야 했습니다. 긴 여행길이었답니다. 무려 1년 이상이 걸린 출장이었지요. 그런데 그가 예루살렘을 비운 1년 동안 숨겨져 있던 죄악들이 공공연하게 드러났답니다.

먼저는 엘리아십이라는 제사장 사건이었습니다. 대제사장 엘리아십이 예루살렘 성벽 재건을 그리도 반대했던 호른 사람 산발랏과 사돈 관계를 맺은 겁니다. 대제사장 엘리아십이 손자 「하나」를 산발랏의 딸과 결혼을 시킨 거지요. 다른 이유가 있는 것이 아니었습니다. 산발랏은 사마리아의 총독이었거든요.

『대제사장 엘리아십의 손자 요야다의 아들 하나가 호론 사람 산발랏의 사위가 되었으므로』(13:28)

또 하나의 큰 사건은 엘리아십 대제사장이 성벽 중건을 방해했던 암몬 사람 도비야와 친인척 관계를 맺었다는 겁니다. 자신이 직접 사돈 관계를 맺은 것인지 아니면 먼 친척이 도비야와 관계를 맺은 것인지는 모르지만 돈 많고 편안하게 살고 있는 도비야와 가족을 이룬 것이지요.

그런데 그 행위도 큰 잘못이지만 더 기가 막힌 일이 일어난 겁니다. 엘리아십이 제사장이라는 힘을 가지고 자신의 친척인 도비야에게 예루살렘 성전의 제물 보관 방을 내준 겁니다. 그 방은 거룩한 물건들을 두는 곳이었는데 하나님을 알지도 못하는 도비야로 하여금 개인 사무실로 쓰도록 특혜를 준 것이지요! 물론 엘리아십은 자신이 관할하는 방이기에 문제가 없다고 하면서 빌려준 거였습니다.

하기사 엘리아십은 십여 년 전 성벽을 쌓을 때도 도비야가 그리도 못된 짓을 했지만 도비야를 칭찬하곤 했던 이상한 인물입니다.

『유다에서 저와 동맹한 자가 많음이라 저희들이 도비야의 선행을 내 앞에 말하고』(6:18하–19상)

『이전에 우리 하나님의 전 골방을 맡은 제사장 엘리아십이 도비야와 연락이 있었으므로 도비야를 위하여 한 큰 방을 갖추었으니 그 방은 원래 소제물과 유향과 기명과 또 레위 사람들과 노래하는 자들과 문지기들에게 십일조로 주는 곡물과 새 포도주와 기름과 또 제사장들에게 주는 거제물을 두는 곳이라』(13:4–5)

또 다른 문제는 백성의 지도자들과 백성들이 성전에서 사역하는 레위 사람들과 제사장들을 위한 의무를 하지 않는 거였습니다. 그로 인해 사역자들이 먹고 사는 문제가 심각해진 겁니다. 문제는 제사장들과 레위 사람들이 생활고를 견디다 못해 자신의 사역지를 떠나 먹고 살기 위한 곳으로 도망 가는 일이 발생하고 있다는 거였지요.

『내가 또 알아본즉 레위 사람들의 받을 것을 주지 아니 하였으므로 그 직무를 행하는 레위 사람들과 노래하는 자들이 각각 그 전리로 도망하였기로』(13:10)

안식일도 엉망이 되어 있었습니다. 거룩하게 지켜야 할 안식일이 장사하는 날이 되었고 이방인들과 상업을 하는 일을 서슴치 않았던 겁니다.

『그 때에 내가 본즉 유다에서 어떤 사람이 안식일에 술틀을 밟고 곡식단을 나귀에 실어 운반하며 포도주와 포도와 무화과와 여러 가지 짐을 지고 안식일에 예루살렘에 들어와서 식물을 팔기로 그날에 내가 경계하였고 또 두로 사람이 예루살렘에 거하며 물고기와 각양 물건을 가져다가 안식일에 유다 자손에게 예루살렘에서도 팔기로』(13:15-16)

가장 큰 문제는 유다 사람들 가운데 이방인과 결혼하는 일이었습니다. 아스돗 사람, 암몬 사람, 모압 사람과 결혼을 하여 자녀를 낳고 살고 있다는 거였지요. 그런 일로 심각한 것은 자녀들이 유다 말을 못하는 거였습니다. 율법을 읽지 못한다는 거였지요.

『그 때에 내가 또 본즉 유다 사람이 아스돗과 암몬과 모압 여인을 취하여 아내를 삼았는데 그 자녀가 아스돗 방언을 절반쯤은 하여도 유다 방언은 못하니 그 하는 말이 각 족속의 방언이므로』(13:23-24)

겉으로는 하나님의 백성입니다.
교인이라고 말하고 성도라고 말합니다.
그런데 속은 그렇지 않답니다.
세상을 사랑하고 있고 하나님을 신뢰하지 않습니다.
하나님의 말씀에도 관심이 없고
하나님의 말씀대로는 살 수 없다고 말합니다.
교회에 와서는 하나님을 사랑한다고 하면서
교인 앞에서는 믿음으로 살아야 한다고 하면서
교인들끼리는 하나님이 내 앞길을 지켜 주신다고 하면서
교회를 떠나 삶의 현장에 들어가서는
하나님이 없는 사람처럼 산답니다.
그러면서 말하지요.
'믿음이 없어서 그렇다고...'
이젠 그런 사람들을 이해 못하면 목회가 되지 않을 만큼(?)
그런 사람들이 다수가 되어 있고 보편화 되어 있답니다.
무척 슬픈 일입니다.

바사에 갔던 느헤미야가 돌아왔습니다. 사람들은 느헤미야의 모습이 1년 이상 보이지를 않기에 못된 짓을 뻔뻔하게 했답니다. 서로서로 그렇고 그렇게 사니깐 아주 드러내 놓고 못된 짓을 한 거지요. 이젠 그러려니 하는 삶이 되어버렸습니다. 그런데 느헤미야가 돌아온 겁니다.

예루살렘은 더 이상 하나님의 도성이 아니었습니다. 유다인과 이방인이 어울려 살고 있었습니다. 율법만이 읽혀지고 들려지는 도성이 아니었습니다. 백성들은 하나님만을 섬기지 않았습니다. 안식일이라는 거룩한 구분도 없었습니다. 매일 장사하는 일에 바빴고 제사장들과 레위 사람들도 보이지를 않았습니다. 엉망이었습니다. 대다수가 아니 모든 유다 사람들이 그렇게 살고 있었습니다. 아무런 불편도 이상함도 없이.

"모세의 율법 책을 가지고 오시오!"

느헤미야의 호령이었습니다. 분명 느헤미야는 대단히 화가 나 있었습니다.

"백성들 앞에서 읽어 보시오!"

느헤미야의 말을 들은 제사장은 민수기의 말씀을 읽었습니다. 주로 이스라엘 사람이 가나안을 지날 때 주변 나라 사람들이 얼마나 못되게 굴었는지에 대한 기록이었습니다.

"여러분, 율법은 암몬 사람과 모압 사람, 그리고 이방 사람들이 우리 민족에게 얼마나 못되게 굴었는지를 말하고 있습니다. 이방 사람들은 우리에게 양식을 주지 않았습니다. 물도 주지 않았습니다. 우리가 광야를 지나고 있을 때 영접하지 않았습니다. 도리어 발람 선지자에게 뇌물을 주어 우리 조상들을 저주하게 했습니다. 그렇다고 하나님이 우리를 저주하지 않으셨습니다. 오히려 저주를 바꾸어 복이 되게 하셨습니다. 그러니 믿음으로 이방인과의 관계를 끊으십시오!"

느헤미야의 불같은 말은 사람들의 마음을 움직였습니다. 여러 사람들이 율법의 말씀을 듣고 자신들이 행한 이방인과의 관계를 정리하기 시작했답니다.

『그 날에 모세의 책을 낭독하여 백성에게 들렸는데 그 책에 기록하기를 암몬 사람과 모압 사람은 영영히 하나님의 회에 들어오지 못하리니 이는 저희가 양식과 물로 이스라엘 자손을 영접지 아니하고 도리어 발람에게 뇌물을 주어 저주하게 하였음이라 그러나 우리 하나님이 그 저주를 돌이켜 복이 되게 하셨다 하였는지라 백성이 이 율법을 듣고 곧 섞인 무리를 이스라엘 가운데서 몰수히 분리케 하였느니라』(13:1-3)

교회 속에 섞인 무리, 사악한 무리를 경계하고 뽑아내야 합니다.
복음을 방해하는 악한 사람이 있습니다.
주의 사역을 방해하는 악한 사람이 있습니다.
저들이 복음의 권면을 받아들이지 않고
주의 공동체를 방해하는 의도를 가지고 말하고 행동한다면
그런 사람은 사탄의 괴수랍니다.
분리해야 합니다.

느헤미야는 엘리아십의 못된 행위도 질타했습니다. 자신에게 준 특별한 직책을 가지고 물질적인 이득을 취하기 위하여 도비야에게 성전에 사무실을 만들어 준 것에 대하여 야단을 친 겁니다. 아니 느헤미야가 직접 그 방을 찾아가서 도비야의 모든 물건을 밖으로 내어 던지며 그 방을 정결케 하였지요. 그리고는 밖에 나와 있던 거룩한 물건들을 다시 그 방으로 들여 놓았답니다.

『이전에 우리 하나님의 전 골방을 맡은 제사장 엘리아십이 도비야와 연락이 있었으므로 도비야를 위하여 한 큰 방을 갖추었으니 그 방은 원래 소제물과 유향과 기명과 또 레위 사람들과 노래하는 자들과 문지기들에게 십일조로 주는 곡물과 새 포도주와 기름과 또 제사장들에게 주는 거제물을 두는 곳이라 그 때에는 내가 예루살렘에 있지 아니하였었느니라 바벨론 왕 아닥사스다 삼십이 년에 내가 왕에게 나아갔다가 며칠 후에 왕에게 말미를 청하고 예루살렘에 이르러서야 엘리아십이 도비야를 위하여 하나님의 전 뜰에 방을 갖춘 악한 일을 안지라 내가 심히 근심하여 도비야의 세간을 그 방 밖으로 다 내어 던지고 명하여 그 방을 정결케 하고 하나님의 전의 기명과 소제물과 유향을 다시 그리로 들여 놓았느니라』(13:4-9)

특별한 힘은 하나님의 은총입니다.
힘은 섬김을 위한 도구일 때 아름다운 거지요.
은총으로 받은 힘을
자신의 이익을 위해 사용하는 건 옳지 못한 겁니다.
자신의 쾌락을 위한 수단으로 쓰는 것은 죄악입니다.

교회의 지도자로 부름 받았다면

그 때부턴 사생활이 없다는 걸 아셔야 합니다.

머슴이라 생각하세요!

제사장과 레위 사람 그리고 성전에서 일하는 사람들이 의무를 행치 않았음에도 제자리로 돌아오게 했습니다. 백성의 지도자들을 불러 꾸짖었고 먹고 살기 힘들다고 성전 일을 팽개치고 도망간 레위 사람들과 제사장들을 찾아 다시금 성전 일을 하도록 권면하였지요.

사람들은 느헤미야의 말에 순종하였습니다. 다시금 십일조를 바치기 시작했으며 곡식과 기름, 포도주 등을 성전 곳간에 들인 겁니다. 그리고는 제사장 셀레먀와 서기관 사독, 레위 사람 브다야로 하여금 성전에 바쳐진 것들을 관리하게 했지요. 또한 삭굴의 아들 하난이라고 하는 사람으로 하여금 저들을 도와 분배하는 일을 하게 했습니다. 힘든 일이었습니다만 그것이 옳은 일이기에 느헤미야는 기도하면서 최선을 다하고 있었답니다.

『내가 모든 민장을 꾸짖어 이르기를 하나님의 전이 어찌하여 버린바 되었느냐 하고 곧 레위 사람을 불러 모아 다시 그 처소에 세웠더니 이에 온 유다가 곡식과 새 포도주와 기름의 십일조를 가져다가 곳간에 들이므로 내가 제사장 셀레먀와 서기관 사독과 레위 사람 브다야로 고지기를 삼고 맛다냐의 손자 삭굴의 아들 하난으로 버금을 삼았나니 이는 저희가 충직한 자로 인정됨이라 그 직분은 형제들에게 분배하는 일이었느니라 내 하나님이여 이 일을 인하여 나를 기억하옵소서 내 하나님의 전과 그 모든 직무를 위하여 나의 행한 선한 일

을 도말하지 마옵소서」(13:11–14)

안식일 지키는 일은 정말 가관이었습니다. 제사를 드리거나 은혜를 나누는 일이 없었다는 건 아닙니다만 모두가 형식이었습니다. 거룩한 일들을 얼른 끝내고는 돈 되는 일을 위하여 일터로 나가더라는 겁니다. 어떤 이는 술틀을 밟으면서 포도주를 더 만들고 있었고, 어떤 이는 그들에게 물건을 대고 있었지요. 안식일에 사람들이 성전에 모인다는 걸 알고는 이방 사람들이 성전 앞에 물건을 놓고 팔고 있었습니다. 유다인들은 편리하다는 이유로 그들의 물건을 사고 있었구요. 유다의 힘 있는 자들은 이런 일이 있을 수 없는 일인 줄 알면서도 돈을 받고는 눈감아 주었답니다.

느헤미야는 화가 나서 견딜 수가 없었습니다. 당장에 저들을 꾸짖고 안식일 전에 성문을 닫아 이방인들로 하여금 예루살렘 성 안에 들어오지 못하도록 하였습니다. 물론 총독부의 군사들로 하여금 성문을 지키도록 했구요. 결국 안식일에는 예루살렘 성으로 들어 올 수 없다는 것을 안 이방인들이 안식일에는 나타나지를 않았답니다. 아니 혹시나 안식일에도 문이 열릴까 하여 성 문 앞에서 잠을 자던 자들이 있었는데, 느헤미야가 직접 성 문에 나가서 저들에게 불호령을 내렸답니다. 안식일에 성 문 앞에 오는 자들을 범법 처리 할 것이라고. 그 후부터는 안식일에 장사치들이 나타나질 않았답니다. 오히려 레위 사람들을 명하여 안식일을 제대로 지키라고 명령을 내렸지요.

『그 때에 내가 본즉 유다에서 어떤 사람이 안식일에 술틀을 밟고 곡식단을 나귀에 실어 운반하며 포도주와 포도와 무화과와 여러 가지 짐을 지고 안식일에 예루살렘에 들어와서 식물을 팔기로 그날에 내가 경계하였고 또 두로 사람이 예루살렘에 거하며 물고기와 각양 물건을 가져다가 안식일에 유다 자손에게 예루살렘에서도 팔기로 내가 유다 모든 귀인을 꾸짖어 이르기를 너희가 어찌 이 악을 행하여 안식일을 범하느냐 너희 열조가 이같이 행하지 아니 하였느냐 그러므로 우리 하나님이 이 모든 재앙으로 우리와 이 성읍에 내리신 것이 아니냐 이제 너희가 오히려 안식일을 범하여 진노가 이스라엘에게 임함이 더욱 심하게 하는도다 하고 안식일 전 예루살렘 성문이 어두워 갈 때에 내가 명하여 성문을 닫고 안식일이 지나기 전에는 열지 말라 하고 내 종자 두어 사람을 성문마다 세워서 안식일에 아무 짐도 들어오지 못하게 하매 장사들과 각양 물건 파는 자들이 한두 번 예루살렘 성 밖에서 자므로 내가 경계하여 이르기를 너희가 어찌하여 성 밑에서 자느냐 다시 이같이 하면 내가 잡으리라 하였더니 그 후부터는 안식일에 저희가 다시 오지 아니하였느니라 내가 또 레위 사람들을 명하여 몸을 정결케 하고 와서 성문을 지켜서 안식일로 거룩하게 하라 하였느니라 나의 하나님이여 나를 위하여 이 일도 기억하옵시고 주의 큰 은혜대로 나를 아끼시옵소서』(13:15-22)

안식일은 하나님을 생각하는 날입니다.
육신은 물론이고 마음도 쉬는 날입니다.
영혼의 양식을 받아 채우는 날입니다.
안식일은 하나님 신뢰한다는 걸 보이는 날입니다.
안식일은 하나님이 나를 책임지신다는 믿음을 표현하는 날입니다.

안식일 지키는 것이 경쟁 사회에서 뒤쳐지는 것 같지만
훗날 계산해 보면 큰 이득을 보장한답니다.
건강도 물질도 마음도 삶의 질도.

이방 여인과 결혼해서 사는 사람들이 많았습니다. 그들 가운데서 나온 아이들도 있었습니다. 느헤미야는 곤경에 빠졌습니다. 아이들이 율법을 읽지도 못한다는 것이 한심한 거였습니다. 갈등하다가 말씀의 다른 원칙을 선언했지요. 하나님을 받아들이지 않는 사람과 살고 있는 사람들은 헤어지라고! 지금은 아프지만 지금 끊을 것을 끊지 못하면 민족이 사라지는 건 시간문제라고! 아무리 훌륭한 은총을 받았다 하더라도 이 문제를 분명히 하지 않으면 개인이 망하는 건 물론이고 나라가 망하는 것이라고!

『그 때에 내가 또 본즉 유다 사람이 아스돗과 암몬과 모압 여인을 취하여 아내를 삼았는데 그 자녀가 아스돗 방언을 절반쯤은 하여도 유다 방언은 못하니 그 하는 말이 각 족속의 방언이므로 내가 책망하고 저주하며 두어 사람을 때리고 그 머리털을 뽑고 이르되 너희는 너희 딸들로 저희 아들들에게 주지 말고 너희 아들들이나 너희를 위하여 저희 딸을 데려오지 않겠다고 하나님을 가리켜 맹세하라 하고 또 이르기를 옛적에 이스라엘 왕 솔로몬이 이 일로 범죄하지 아니하였느냐 저는 열국 중에 비길 왕이 없이 하나님의 사랑을 입은 자라 하나님이 저로 왕을 삼아 온 이스라엘을 다스리게 하셨으나 이방 여인이 저로 범죄케 하였나니 너희가 이방 여인을 취하여 크게 악을 행하여 우리 하나님께 범죄하는 것을 우리가 어찌 용납하겠느냐』(13:23-27)

사랑은 상대방을 편하게 해 주는 것이 아닙니다.
상대방을 바르게 인도하는 겁니다.
그렇기에 자녀를 사랑하되 매를 대지 않는 부모는
사랑하는 것이 아니랍니다.
성도들이 잘못하고 있을 때 나 몰라라 하는 것이 사랑이 아닙니다.
잘못을 알려 줘야 합니다.
그래도 깨닫지를 못하면 매를 대기도 해야 하는 겁니다.
느헤미야는 백성들에게 매를 댔답니다. 수염까지 잡아 뽑았답니다.
사랑은 그렇게 하는 겁니다.

백성들 앞에서 호된 본보기를 보였습니다. 하나로 하여금 제사장의 직분을 하지 못하게 했습니다. 지도자로서 본이 되지 않았기 때문이었답니다. 그러면서 백성들로 하여금 이방 사람과 섞여 사는 것이 얼마나 악한 일인지를 깨닫게 했답니다. 지금은 괜찮은 것 같은데 훗날 돌이킬 수 없는 후회를 하게 될 것이라는 경고를 했답니다. 전에도 이방인을 용납하였기에 돌이킬 수 없는 어려움을 겪었음을 상기시키면서 말입니다.

『대제사장 엘리아십의 손자 요야다의 아들 하나가 호론 사람 산발랏의 사위가 되었으므로 내가 쫓아내어 나를 떠나게 하였느니라 내 하나님이여 저희가 제사장의 직분을 더럽히고 제사장의 직분과 레위 사람에 대한 언약을 어기었사오니 저희를 기억하옵소서 내가 이와 같이 저희로 이방 사람을 떠나게 하여 깨끗하게 하고 또 제사장과 레위 사람의 반열을 세워 각각 그 일을 맡게 하고 또 정한 기한에 나무와 처음 익은 것을 드리게 하였사오니 내 하나님이여 나

를 기억하사 복을 주옵소서」(13:28-31)

영광스런 직분을 빼앗긴 수치가 기록되어 있습니다.

편리함과 재물을 추구하다가, 정욕을 추구하다가

고귀한 직분을 빼앗긴 겁니다.

세상의 것에 마음을 두지 마세요.

하나님께서 주신 영광스런 직분을 빼앗긴답니다.

요세푸스라는 초기 역사가는

이 때 쫓겨난 제사장 하나라는 사람은 므낫세라고 하는 이름을 사용하였고 그의 장인 산발랏에게 갔다고 합니다. 산발랏은 므낫세를 사마리아 그리심 산에 성전을 지어주고 그곳에서 대제사장 역할을 하게 했다고 기록하고 있습니다.

❷ 말 1:1–5

뺀질거리는 구원 받은 사람

유다는 바사 제국의 식민지로 지내고 있었습니다만 성전을 지어 신앙생활의 거점을 마련하여 정신적인 일체감을 이룰 수 있는 여건을 만들었고 무너졌던 성벽을 다시 중건함으로 인해 자신들만의 정체성을 만방에 보여 줄 수 있었습니다. 성전을 소유할 수 있다는 것과 성을 갖고 있다는 것은 바사 제국으로부터 받은 특혜였던 겁니다. 게다가 원하는 사람은 누구나 이스라엘과 유다 땅으로 돌아갈 수 있었고 신앙생활도 자유롭게 할 수 있었던 것이지요.

하여간 성전을 짓고 마음껏 제사를 드리며 신앙생활 할 수 있었던 이스라엘 사람들이 든든한 성까지 얻어 살게 되었으니 그야말로 하나님을 기쁘시게 할 수 있는 최적의 여건을 만난 겁니다. 먹고 사는 문제도 해결되었고 삶의 터전도 보장 받고 있았을 뿐만 아니라, 자신들의 신앙도 방해받지 않았고 형제자매와도 함께 살 수 있었지요. 아쉬움이 있다면 바사 제국의 식민지였기에 이스라엘 백성들 나름대로의 독립 정부를 세우지 못한다는 것뿐이었습니다. 그러나 온 세계가 그 문제에 있어서 만큼은 어찌할 수 없는 상황이라면, 이스라엘 사람들은 어느 민족보다 아주 좋은 입장이었습니다. 느헤미야는 바사 제국 황제의 총애를 받는 사람으로서 유다를 책임지고 있었기에 더더욱 이스라엘 사람들에겐 바랄 것이 없었지요. 누가 봐도 특별한 은총을 받은 민족임이 틀림없었습니다. 이방 사람들도 이스라엘 사람들은 하나님의 은총을 받고 있다고 생각했으니까요.

정말 그랬습니다. 하나님의 은혜였습니다. 말이 바사 제국의 식민지이지 사실상의 생활은 전혀 구속 받는 민족이 아니었습니다. 아주 자유롭고 아주 좋은 상황이었던 겁니다.

예루살렘 성전과 성벽을 얻은 것을 감사하며 하나님께 영광을 돌리고 신실하게 사는 사람들이 많이 있었습니다. 그런데 세월이 지나자 점차 그 감격을 잃어버린 것입니다. 감격이었던 제사도 습관화가 되었고 귀찮은 일이 되었습니다. 하나님의 것이라고 하는 제물을 드리는 것도 기쁨은커녕 아까운 겁니다. 이방 사람들과 단절해서 살겠다고 다짐했지만 현실은 이방인과 사는 것이 더 재미있었기에 신앙이 걸림돌이 된다는 생각이 든 겁니다. 느헤미야가 신앙중심으로 살라고 외치고 통제를 했지만 느헤미야의 눈을 피할 수만 있다면 신앙과는 전혀 상관이 없는 삶을 살았지요.

총독 주변에서는 아주 좋은 신앙인들이었습니다. 모두가 괜찮은 사람들이었습니다. 그러나 총독 느헤미야의 눈을 피할 수만 있는 곳이라면, 들키지만 않는 곳이라면 저들은 이방인과 똑같은 삶을 살고 있었답니다.

느헤미야의 눈을 피해 신앙을 떠나 살고 있는 사람들 틈바구니에 말라기라고 하는 사람이 있었습니다. 그는 정치적인 힘이 있는 사람이 아닙니다. 평범한 사람입니다. 사람들은 총독 느헤미야 앞에서는 무서워서 고개를 숙이고 신앙적인 태도를 보였습니다만 자기들과 같이 사는 말라기 앞에서는 그럴 필요가 없었습니다. 같은 평범한 사람이니까요. 혹 말라기가 느헤미야와 같은 바른 소리를 한다 하더라도 대충 넘어가자고 하면서 웃어넘기기도 했고 말라기의 말이 흥분되어 있을 때는 그를 피하거나 그에게 삿대질을 하면서 무시하곤 했지요.

민중 속에서 그들과 함께 살고 있는 말라기는 민중 속에서 일어나는 일들을 몸으로 알고 있었던 겁니다.

"말라기야, 이스라엘 사람들로 인하여 내 마음이 아프구나. 그들이 바른 말 하는 네게 대하여 내가 자기들을 어떻게 사랑했냐고 따지고 있다지?"

하나님의 말씀이었습니다.

"어떻게 사랑했냐고? 무조건 사랑했다! 아무런 이유 없이 그냥 사랑한 것이 내가 너희 이스라엘을 사랑한 방법이야. 너희 조상 이삭이 쌍둥이 아들 에서와 야곱을 낳았잖느냐? 그런데 내가 맏아들 에서를 선택하지 않고 야곱을 선택해서 이스라엘 민족의 조상이 되게 한 것이잖아. 에서는 섭섭할 지 모르지만 선택받은 야곱은 그 은혜를 알아야지! 에서가 그렇게도 큰 민족이 되고 싶어 하고 노력을 해도 나는 에서가 큰 민족 이루는 걸 막고 오히려 야곱을 크게 만든 거잖아! 내가 그렇게 너희 조상 야곱을 선택해서 큰 민족을 만들어 놓았는데, 이제 말하기를 내가 너희 이스라엘을 어떻게 사랑하냐고? 지금도 온 세상이 바사에 노예가 되어 살고 있는 가운데서도 너희 이스라엘을 사랑하기에 성전을 짓게 하고 성을 얻게 하였는데 내가 너희들을 어떻게 사랑하냐고 묻는 게 말이 되느냐는 말이다! 오히려 이방 사람들은 너희를 복 받은 민족이라고 하면서 너희가 섬기는 나 여호와를 크게 여기고 있건만 오히려 복을 받은 너희는 불평하고 자신들은 사랑 받지 못하고 있다고 해!"

『여호와께서 말라기로 이스라엘에게 말씀하신 경고라 여호와께서 가라사대 내가 너희를 사랑하였노라 하나 너희는 이르기를 주께서 어떻게 우리를 사랑하셨나이까 하는도다 나 여호와가 말하노라 에서는 야곱의 형이 아니냐 그러나 내가 야곱을 사랑하였고 에서는 미워하였으며 그의 산들을 황무케 하였고 그의 산업을 광야의 시랑에게 붙였느니라 에돔은 말하기를 우리가 무너뜨림을 당하였으나 황폐된 곳을 다시 쌓으리라 하거니와 나 만군의 여호와는 이르노라 그들은 쌓을지라도 나는 헐리라 사람들이 그들을 일컬어 악한 지경이라

할 것이요 여호와의 영영한 진노를 받은 백성이라 할 것이며 너희는 목도하고 이르기를 여호와께서는 이스라엘 지경 밖에서 크시다 하리라」(1:1-5)

시간이 지나고 세월이 지날수록
하나님의 사랑을 더 깊이 알아가고
받은 은혜의 진함을 느끼고 있다면
그건 성장하였다는 말이고 성숙한 사람이 되어 있다는 말입니다.
더 이상 짜릿한 은혜가 나타나지 않는다 하더라도
여전히 주님에 대한 사랑으로 마음이 부풀어 있다면
그 사람 마음속에 하나님의 영이
크게 자리잡고 있기 때문이랍니다.

지난날을 돌아보세요.
주님의 부르심이 얼마나 따뜻한 은혜였는지요.
주님의 인도하심이 얼마나 존귀한 손길이었는지요.
지금을 생각해 보세요.
누구보다도 큰 은혜 가운데 있음을 확인 할 수 있답니다.
여전히 변함없는 하나님의 따뜻한 사랑으로 감싸져 있는데
그걸 모르고 사랑 받지 못한다고 한다면
그건 아니잖아요!

세상 사람들은 안답니다.
우리가 얼마나 큰 은혜를 받고 있는 사람이라는 것을.
주님을 머리로 하는 아름다운 공동체를 이루어 살아가는

우리를 보고 하나님의 사랑 받은 사람이라고 부러워하지요.
눈물 많은 인생이지만 우린 하나님 앞에서
시원하게 울 수 있다는 걸

에돔(에서)은 (어쨌거나)

에돔(에서)은 (어쨌거나) 하나님의 미움을 받아야 하는 운명의 족속이고 야곱(이스라엘)은 무슨 짓을 하든지 사랑받는 운명의 족속이라는 말인가요? 그렇다면 하나님은 정말 괴팍하신 분입니다. 상식이 통하지 않는 분이시네요. '상식이 통하지 않는 하나님'을 믿고 무조건 이해하라는 건 바른 신앙이 아닙니다. '상식이 통하지 않는 하나님'을 이해 못하는 인간을 하나님이 이해해 주셔야지 아둔한 인간이 '상식이 통하지 않는 하나님'을 이해하길 바란다면 그건 말이 되지 않는 억지에 불과한 겁니다. 아무튼 에돔은 무조건 미움 받고 야곱은 무조건 사랑받는다는 식의 운명적 신앙은 상식적으로 (하나님의 성품에도 맞지 않음) 말이 안 되는 겁니다.

먼저 구원의 문제에 있어서 절대로 운명적이지 않습니다. 에서는 스스로 하나님의 구원의 은총을 거부한 사람입니다. 그는 하나님을 필요로 한 적이 한 번도 없었습니다. 영적인 일에는 관심조차 갖지 않았습니다. 반면에 야곱은 영적인 일에 관심을 가졌습니다. 하나님이 절대적으로 필요함을 갈구했던 사람입니다. 자신의 삶이 어땠든지 간에 그는 하나님 없이는 살 수 없다고 몸부림 친 사람입니다. 하나님께서는 당신 없이는 살 수 없다고 한 야곱의 하나님이 되신 겁니다.

공동체적으로는 다릅니다. 에돔 족속(에서의 후손이 이룬 공동체를 에돔이라고 함) 가운데서도 하나님 없이는 살 수 없다고 한 사람들이 있었습니다. 그 사람들은 구원에 이르렀지요. (에돔의 남은 자와 내 이름으로 일컫는 만국을 기업으로 얻게 하리니.../암 9:12). 반면에 이스라엘(야곱의 후손을 이스라엘이라고 함) 족속 중에서도 에서와 같이 하나님에 대한 관심조차 없고 하나님을 거부한 사람들은 구원의 은총에 들지 못한 겁니다.

세상 사람들은 부러워한답니다.

세상 사람들은 우리가 훗날 하나님 나라 가는
주인공들이라는 것을 알고
하나님의 사랑 받고 사는 사람들이라는 것도 안답니다.
세상 사람들은 우리의 하나님을 위대하신 분,
사랑의 신이라고 하는데
오히려 우린 '하나님이 우리를 어떻게 사랑하냐'고 하면서
투덜대고 있지는 않은지요?

하나님 없이 살지 못하면서도 빼질거리는 사람이 있습니다.
(에서는 하나님이 없이 살 수 있다고 하는 사람입니다.)
야곱과 같은 사람입니다.
하나님을 떠나기도 합니다만
마음 한구석에는 하나님에 대한 끈을 놓지 않고 있는 사람입니다.
구약의 나오미나 신약의 탕자가 그런 사람입니다.
이런 사람은 하나님에게 잔소리를 듣기도 하고
하나님에게 야단을 맞기도 합니다.
심지어는 엄청나게 얻어 터져서 죽을 지경까지 이른답니다.
그런데 그런 사람을 하나님의 백성이라고 하는 겁니다.
엉터리로 사는 것 같은데 하나님이 아버지이시기에
엉터리로 사는 중에도 하나님 생각하면서 사는 사람을 말하지요.
아버지의 속을 썩이는 자녀랍니다.
나의 모습이 이스라엘(야곱)과 같네요.

늘 마음에 아버지를 생각하면서도

아버지 때문에 자유롭지(?) 못한 것으로 인해

마음속에 불평하고 있는 모습입니다.

투덜거리는 것도 아버지의 엄격하심이 싫고

귀찮아서 하는 투덜거림이지요.

감사가 아니라 불평입니다. 아버지 하나님에 대한.

그래서 나는 구원받은 사람이라는 증거를 가지고 있는 것이고

그렇기 때문에 아버지에게 채찍을 맞기도 하고

아버지께로 돌아오기도 하지요.

나는 뺀질거리는 구원 받은 사람이네요.

이스라엘과 같이.

❸ 말 1:6–14

필요 악(惡)이 된 제사장

공식적인 일로 묶여 있어야 하는

느헤미야와는 달리 말라기는 그의 생활 반경과 시간에 있어서 아주 자유로웠습니다. 성전도 자유롭게 드나들 수 있었고 하루 종일 제사장들과 이야기 할 수 있었을 뿐만 아니라 제사장들이 하는 일을 지켜보고 있을 수도 있었습니다.

문제는 제사장들이었습니다. 성전으로 출근하고 성전 안에서 하루 종일 시간을 보내고 사람을 만나는 이 제사장들이 한심했습니다. 저들이 일하는 성전이 먹고 사는 직장이 되어 있는 겁니다. 하나님을 섬기는 직임인데도 마음속에는 하나님이 없습니다. 하나님을 공경하는 것도 없고 사랑하는 것도 없었습니다. 하나님을 두려워하는 것도 없었습니다. 그야말로 몸뚱이만 성전에 와서 습관적으로 기계처럼 일하고 있을 뿐이었답니다.

말라기는 속이 뒤집히는 것 같았습니다. 제사장의 일은 분명 바쁜데 그 모든 일이 형식적이었던 거지요.

"이보시오, 제사장 어르신들. 내가 보니 당신들은 하나님의 집에서 하나님의 일을 한다고 하면서도 전혀 하나님에 대한 존경이나 사랑 없이 하는 게 내 눈에 보이는 거요. 세상에서도 아들이 아버지를 공경하고 종이 주인을 공경하는 것은 당연한 일이건만, 어째서 하나님을 섬기는 하나님의 종이라는 당신들은 하나님을 공경하지도 않고 하나님을 두려워하지도 않으면서 제사장이랍시고 일을 하고 있단 말이요?"

말라기의 따끔한 말을 듣고 있던 제사장 중에 한 사람이 화를 내면서 대뜸 소리를 질러 대답을 했습니다.

"야, 네가 뭘 안다고 지껄이고 있어? 넌 어디서 굴러먹는 개뼈다귀 같은 놈이냐? 여기가 어딘 줄 알고 제사장이 어떻다고 지껄이는 거야 임마! 야 ! 임마, 네 말대로라면 우리 제사장이 하나님 알기를 우습게 안다는 말이잖아. 우리가 뭘 하나님을 우습게 알아 어떻게 우리가 하나님을 우습게 여긴다는 말이야? 재수 옴 붙은 놈 같으니라구!"

『내 이름을 멸시하는 제사장들아 나 만군의 여호와가 너희에게 이르기를 아들은 그 아비를, 종은 그 주인을 공경하나니 내가 아비일진대 나를 공경함이 어디 있느냐 내가 주인일진대 나를 두려워함이 어디 있느냐 하나 너희는 이르기를 우리가 어떻게 주의 이름을 멸시하였나이까 하는도다』(1:6)

목회자로 부름 받았다는 건 남다른 은혜랍니다.
사람들도 목회자가 되겠다고 하면
특별한 은혜를 받은 사람으로 여기지요.
평범한 사람들이 추구하는 것과는 다른 삶을 추구하고
하나님에게 특별한 은총을 받았다고 여기기 때문이랍니다.
게다가 본인도 그렇게 생각을 합니다.
그래서 목회자가 될 때 남다른 감격도 있고 결심도 있지요.
그런데 목회 일을 하다 보면 초심(初心)을 잃어버리는 겁니다.
처음엔 하나님을 사랑했는데 그 마음이 없어졌네요.
처음엔 하나님의 말씀에 감격이 있었는데 그 마음도 사라진 겁니다.
처음엔 복음을 위해 목숨을 바칠 마음이었는데
언제부터인가 순교란 나와 상관없는 단어가 되어 있는 겁니다.
처음엔 복음 사역이 진지했는데
돌아보니 시간 때우는 장난(?)이 되어 있더라는 겁니다.

목회자인 제 앞에서 누군가가
목회자가 문제라고 하면 기분이 나쁩니다.
목회자가 게으르다고 하면 열이 납니다.
누군가가 목회가 더 이상 성직(聖職)이 아니라 직업이라 하면

피가 거꾸로 솟고 울화통이 솟구칩니다.
목사가 자리에 욕심이 있어 정치만 하고 다니고
큰 교회만 좋아하고
돈 있는 사람만 좋아하고 실력은 개뿔도 없다고 하면
미칠 것 같은 겁니다.
사회에서 할 일이 없고 사회생활 할 수도 없는 사람이
신학교 가서 목사 된다고 하면 죽고 싶습니다.
목사의 박사 학위 가운데 대부분이 가짜라고 말하는 소릴 들으면
가슴이 찢어지는 것 같습니다.
누군가가 목사가 없어져야 기독교가 바로 된다고 하면
화가 나서 견딜 수가 없는 겁니다.
사실이기 때문입니다.
그런데도 목회자들은
그런 것은 기독교를 음해하는 사탄의 소리라고 하면서
그런 말하는 사람을 기독교를 파괴하는
나쁜 사람으로 분류해 버린답니다.
(중요한 것은) 기록된 말라기의 (기분 나쁜) 말이
사탄의 말이 아니었다는 겁니다!

"이보시오 제사장 어르신들, 내가 당신들이 아침저녁으로 성전에 드리는 떡을 보니 새로 한 떡이 아니라 있던 걸 그냥 올려다 놓곤 하더라는 겁니다. 내가 알고 있는 율법이나 양심으로는 성전의 떡을 바꿀 때는 정성스럽게 만든 새 떡으로 바꾸는 것인데, 당신들은 바꾸기는 하되 새 떡이

아니라 오래 전에 있던 떡을 바꾸기만 하더라는 거요. 내가 보기엔 정성도 없어 보이고 떡 자체도 기한이 지난 떡이니 말입니다. 그래도 되는 겁니까? 하나님을 우습게 여기고 경멸히 여기는 것이 아니면 양심상 그런 일은 하지 못하지요. 안 그래요? 제사장 나리들께서 양심에 손을 얹고 생각해 보시오. 당신들은 구태여 새 떡일 필요가 있냐고 하면서 오히려 있던 떡이 질도 좋은 떡이라고 말하곤 하지 않소."

『너희가 더러운 떡을 나의 단에 드리고도 말하기를 우리가 어떻게 주를 더럽게 하였나이까 하는도다 이는 너희가 주의 상은 경멸히 여길 것이라 말함을 인함이니라』(1:7)

목회자는 하나님의 말씀을 새롭게 만들어
하나님 앞에 모인 성도에게 공급하는 사람들이랍니다.
오늘의 말씀 떡을 만드는 거랍니다.
따끈따끈한 말씀의 떡을 만드세요.
하나님은 멋진 떡을 기다리는 게 아닙니다.
정성담긴 떡을 기다리시는 거랍니다.

세상 재밌는 이야기들을 가지고 말씀을 만들지 마세요.
인기 있고 유명한 사람들의 이야기를 섞어서 만들지도 마세요.
조미료 섞인 음식은 당장에는 맛있어 칭찬(?) 받을지 모르지만
그건 분명 사람을 기형으로 만들고 죽이는 거잖아요.
담백하게 자연스럽게 만드세요.

하나님이 원하시는 말씀의 떡 만드세요.
성경 66권 속에 있는 모든 재료를 가지고
정성스럽게 만드는 거지요.
창세기의 말씀과 복음서의 말씀과 서신서의 말씀,
역사서의 말씀과 시편의 말씀,
선지자의 말씀들을 이렇게 저렇게 섞어
사람의 영혼을 살리는 떡을 만드는 겁니다.

"제사장 나리들, 내가 살펴보니 당신들이 희생 제사를 드릴 때 드리는 제물들이 가관이더구먼! 드려지는 양과 소와 염소를 가만히 보니깐 죄다 병신들만 잡아 드리더구먼! 물론 태워 없어지는 것들이기에 가치가 없는 것을 태운다는 생각이겠지만 그게 없어지는 거요? 하나님께 드리는 것 아니요? 입장을 바꿔 생각해 보시오 느헤미야 총독에게 선물을 드린답시고 어차피 잡아먹을 것이니 눈먼 양을 받으시오 한다든지 저는 놈을 드린다든지 아니면 병든 놈을 선물이랍시고 갖다가 주면 총독께서 꽤나 좋아하시겠구려!"

말라기의 말은 불방망이 같았습니다. 듣고 있던 제사장들의 가슴을 덜컥 내려앉게 하였지요. 사람들이 좋고 흠 없는 제물을 가지고 오면 안 보는 데서 병든 것과 눈먼 것 저는 것과 바꿔치기 해서 불에 태웠거든요. 제물을 죽이고 불에 태우면 제물을 가지고 온 사람도 자기가 가지고 온 것이 희생되었다고 생각했답니다.

말라기의 말은 계속되었습니다.

"당신들이 하나님께 은혜를 구해 보시오. 아니 분명 하나님의 은혜를 간절히 구할 때가 있을 것 아니요? 한번 생각해 보시오. 하나님께서 당신들의 기도를 들으시겠소? 좋은 제물은 당신들 몫으로 하고 몹쓸 제물을 하나님께 드린다면 하나님이 당신들의 기도를 들으실 거라 생각하느냐 말이요? 내가 하나님이라도 당신들이 한심스럽게 여겨질 것이라오. 아니 하나님 생각에 그런 몹쓸 제물을 드리는 당신들의 제사가 꼴도 보기 싫어서 더 이상은 제사를 드리지 못하도록 성전 문을 잠그고 열지 못하게 할 사람을 찾으실 거라 생각이 든다오! 아, 하나님이 당신들이 드리는 그런 제물을 받으시겠소? 절대로 받지 않으실 거요!"

『만군의 여호와가 이르노라 너희가 눈 먼 희생으로 드리는 것이 어찌 악하지 아니하며 저는 것, 병든 것으로 드리는 것이 어찌 악하지 아니하냐 이제 그것을 너희 총독에게 드려보라 그가 너를 기뻐하겠느냐 너를 가납하겠느냐 만군의 여호와가 이르노라 너희는 나 하나님께 은혜를 구하기를 우리를 긍휼히 여기소서 하여 보라 너희가 이같이 행하였으니 내가 너희 중 하나인들 받겠느냐 만군의 여호와가 이르노라 너희가 내 단 위에 헛되이 불사르지 못하게 하기 위하여 너희 중에 성전 문을 닫을 자가 있었으면 좋겠도다 내가 너희를 기뻐하지 아니하며 너희 손으로 드리는 것을 받지도 아니하리라』(1:8-10)

제사장들 때문에 성전 문을 닫고 싶으신
하나님의 마음을 아시나요?

우리 시대도 목회자들 때문에
하나님께서 교회 문을 폐쇄하고 싶으시다면 어떨까요?
정성 없는 목회, 하나님 사랑하지 않는 목회,
성도들이 드리는 헌물을 가지고 자기 배만 채우는
목사 노릇한다면
그런 목사들 때문에
하나님께서 교회 문 닫고 싶으실 겁니다.

우리의 목회
하나님께서 기뻐하시는지 받고 계시는지 생각해 봐야 한답니다.
기독교적인 모든 일을 빈틈없이 하는데도
하나님이 기뻐하시지도 않고 받지도 않는 종교행위 한다면
그런 비극이 어디 있겠는지요.

남은 것, 부스러기를 하나님께 드리는 건 옳지 않은 겁니다.
귀한 것을 하나님께 드리세요.
마음을 드리면 가장 귀한 것을 드릴 수가 있답니다.
물질을 드릴 때도 귀한 물질을 드리세요.
시간을 드릴 때도 남아서 드리는 시간이 아니어야 한답니다.
쓰다 남았기에 드리는 건
하나님 마음을 아프게 하는 거랍니다.

말라기의 말은 멈추지를 않았습니다.

"당신들이 하나님을 우습게 여기고 엉터리 제사장 노릇을 하기에 하나님께선 다른 민족을 통해서 영광을 받으실 거외다. 하나님이 영광을 받으실 민족이 없어서 당신들에게서만 영광을 받으시려고 하는 줄 아시오? 천만의 말씀! 당신들에게 은혜를 베풀어 하나님께 영광 돌릴 기회와 특권을 주신 것인데 그걸 장난삼아 하고 있으니, 하나님이 그 특권을 다른 이방 민족에게 주실 것이란 말이오. 보시오, 얼마 후엔 분명 이방 민족들이 하나님을 찬양하고 하나님을 높일 것이니! 이방 사람들은 오히려 아주 정성스런 예배를 드릴 것이지 암!"

『만군의 여호와가 이르노라 해 뜨는 곳에서부터 해 지는 곳까지의 이방 민족 중에서 내 이름이 크게 될 것이라 각처에서 내 이름을 위하여 분향하며 깨끗한 제물을 드리리니 이는 내 이름이 이방민족 중에서 크게 될 것임이니라』(1:11)

하나님 섬기는 영광을 빼앗기지 말아야 합니다.
영광스런 직임을 기쁜 마음 감사하는 마음으로 하지 않으면
그 귀한 직임을 빼앗기는 거랍니다.
모태 신앙이라는 은혜를 빼앗기지 마세요.
직분의 은혜를 빼앗기지 마세요.
섬김의 터전 주신 것을 빼앗기지 마세요.
나중 된 자가 먼저 된다는 말씀이
(먼저 된 나에겐) 적용되지 않도록
하나님 사랑하면서 열심히 사세요!

"당신들은 할 말이 있겠죠. 세상이 그래서 어쩔 수가 없다고 말하겠죠. 남들이 그렇게 살고 있는데 혼자서 깨끗한 척하면 공동체에 균열이 생기기에 마음은 하나님께로 가 있지만 현실은 어쩔 수가 없다고 핑계하겠죠."

말라기는 제사장들의 마음을 꿰뚫고 있는 듯이 말했습니다.

"속으로는 하나님께 드리는 것이야 아무러면 어떠냐는 생각으로 가득 차 있지 않소. 하나님이 실제로 잡수시는 것도 아니고 와서 보시는 것도 아니고... 그러니 눈먼 양이면 어떻고 저는 짐승이면 어떠냐고 속으로들 말하고 있는 게 아니냐는 거지! 그런 악한 생각이 하나님의 이름을 더럽힌다는 걸 모르는지..."

"제사장들이라고 하는 당신들이 솔직히 제사를 귀찮아하고 있음을 하나님께서 모르시는 것 같소? 하기 싫어서 억지로 하는 게 내 눈에도 보인다오. 안타까운 마음으로 제사 드리러 오는 사람이 있는데 제사장이란 당신들은 오히려 귀찮아하더구먼. 오히려 제물에만 마음을 두고 별 볼일 없는 제물이면 일진이 재수가 없다는 둥 하면서 대충 때우는 제사를 하는 거 아니요! 혹 좋은 제물을 가지고 오면 병든 것과 바꿔치기 하고 좋은 것은 시장에 갖다가 비싸게 팔아 먹고... 젠장, 당신들이 그렇게 제사장 노릇 하고 있으니 하나님께서 열불 나는 것이지!"

"당신들은 사기꾼이야, 사기꾼! 거룩을 빙자해서 사람들에게 사기를 치는 사기꾼이라구! 좋은 것은 감추고 병든 것을 하나님께 드리면서 백성들에겐 가장 거룩한 척 하는 사기를 치고 있단 말이야! 그러니 당신들이 저주를 받겠소? 안 받겠소? 하나님이 누구신데 하나님 앞에서 사기를 쳐! 사기를 치긴."

『그러나 너희는 말하기를 여호와의 상은 더러웠고 그 위에 있는 실과 곧 식물은 경멸히 여길 것이라 하여 내 이름을 더럽히는도다 만군의 여호와가 이르노라 너희가 또 말하기를 이 일이 얼마나 번폐스러운고 하며 코웃음하고 토색한 물건과 저는 것, 병든 것을 가져왔느니라 너희가 이같이 헌물을 가져오니 내가 그것을 너희 손에서 받겠느냐 여호와의 말이니라 떼 가운데 수컷이 있거늘 그 서원하는 일에 흠 있는 것으로 사기하여 내게 드리는 자는 저주를 받으리니 나는 큰 임금이요 내 이름은 열방 중에서 두려워하는 것이 됨이니라 만군의 여호와의 말이니라』(1:12-14)

성직(聖職)을 빙자해서 사기 치는 사람들이 있습니다.
처음부터 사기를 치려고 한 사람도 있겠습니다만
그런 사람은 소수일 것이고
대부분의 사람은 받은 은혜가 커서 목회자의 길을 선택한 거지요.
그런데 시간이 가면서 사기꾼이 된 겁니다.
자신도 모르게 사기꾼이 된 거지요.
사기 치는 걸 사람들이 알아도
사람들이 감히 주의 종에게 이렇다 저렇다 말하면 안 된다는
협박용 성경 구절을 몇 구절 말하면
하나님으로부터 저주를 받을까 해서 아무소리 못하기에

사기 치는 게 자연스럽게 된 겁니다.

사기 치는 목회 하지 마세요.

사기 잘 쳐서 많은 사람 모을 수도 있습니다.

사기 잘 쳐서 재물 얻어 하나님의 축복이라고 하면서

신령한 목사인 것처럼 행세 할 수 있습니다.

그런데 하나님은 아시잖아요.

사기꾼인지 신실한 목사인지.

이런 말 하고 있다는 게 가슴 아픕니다만

사실이잖아요.

❹ 말 2:1-9
변질된 제사장들

말라기는 제사장들을 향한 바른 소리를 그치지 않았습니다. 내친 김에 할 말은 해야겠다는 심정이었고 죽기를 각오하고 바른 말을 쏟아내기 시작했지요.

"내가 당신들에게 하나님의 말씀으로 경고 하나 하겠소. 당신들 제사장이 여호와 하나님의 말씀을 듣지 않고 마음에 두지 아니하면 문제가 심각해지는 것이요. 당신들이 제사장이라고 하면서 하나님을 영화롭게 하지 않으면 그로 인해 받을 벌이란 뻔한 거 아니겠느냐는 거지! 저주 받는 겁니다. 저주! 아니 냉정히 말하자면 지금까지의 상황을 보면 저주가 이미 당신들에게 임해 있다는 거지. 당신들은 당신들이 받을 분깃조차 받지 못할 거요! 당신들 마음에 하나님을 두지 않고 하나님의 말씀을 버린 지가 언제부터인데... 말하자면 당신들의 자손들이 당신들 때문에 온갖 어려움을 받을 것이고, 이스라엘의 절기에는 당신들 얼굴에 제물 된 짐승들이 싼 똥으로 범벅이 될 거요! 소 똥 염소 똥 양 똥으로 당신들 얼굴에 쳐 바를 거란 말이요. 그 병든 짐승과 함께 당신들도 망할 것이고!"

『너희 제사장들아 이제 너희에게 이같이 명령하노라 만군의 여호와가 이르노라 너희가 만일 듣지 아니하며 마음에 두지 아니하여 내 이름을 영화롭게 하지 아니하면 내가 너희에게 저주를 내려 너희의 복을 저주하리라 내가 이미 저주하였나니 이는 너희가 그것을 마음에 두지 아니하였음이니라 보라 내가 너희의 종자를 견책할 것이요 똥 곧 너희 절기의 희생의 똥을 너희 얼굴에 바를 것이라 너희가 그것과 함께 제하여 버림을 당하리라』(2:1-3)

제사장은 하나님의 백성을 대표하는 사람입니다.
제사장이 잘못하면 백성들에게 죄얼이 드리워진답니다.
『만일 기름 부음을 받은 제사장이 범죄하여
백성으로 죄얼을 입게 하였으면...』(레 4:3).
그러므로 좋은 제사장을 만나는 것이 얼마나 중요한지 모릅니다.
나 개인과는 상관없이 제사장 잘못 만나
엉뚱하게도 죄얼을 드리우게 되기 때문이지요.
그러므로 나의 영혼을 안내하는 제사장을 위해
열심히 간절히 기도하는 것이 무척이나 중요한 거랍니다.

제사장 된 목회자들은 정신 차리고 살아야 합니다.

제사장의 잘못이 순진한 백성들에게
화를 입히는 경우가 있기 때문입니다.
한 길 생각하면서 목회해야지요.
말씀 성실히 연구하면서 하나님을 섬겨야 하는 겁니다.
게으르지 않고 부지런히 양들을 보살펴야 하는 겁니다.
그렇지 않으면 제사장 된 사역자로 인해
하나님의 백성들이 애매히 고통을 받게 되구요,
자신과 후손은 얼굴에 똥칠 하는 수치를 받게 된답니다.

"제사장들이여, 하나님께서 나를 통해 당신들에게 하시는 말씀을 생

『너희의 복을 저주하리라』(:2중)

제사장들은 백성들의 십일조로 생활을 했습니다. 백성들의 생활 형편이 나아지고 신앙생활을 잘 하면 십일조의 양이 많아지기 때문에 제사장들의 생활이 풍성해졌지요. 반면에 백성들의 형편이 궁색해지면 제사장들도 형편이 궁색해 지는 겁니다. 그렇기에 본문에서 말하는 "너희의 복을 저주하리라"는 말씀은 제사장들이 받을 십일조, 백성들이 드릴 십일조가 줄어든다는 말이고 백성들의 생활은 궁핍해진다는 말입니다. 또 다른 말로는 나라가 어려워진다는 말이기도 합니다. 반면에 백성들의 생활은 물질적으로 궁핍하지 않다 하더라도 백성들이 십일조를 드리지 않아 제사장의 삶이 궁핍할 수도 있답니다. 이는 제사장들이 백성들에게 존경을 받지 못해 백성들의 신앙이 엉망이 되었을 때지요. 그러므로 제사장들이 잘못하면 백성들의 생활에 영향을 끼칠 수가 있고 잘못 신앙 지도하면 백성들이 십일조를 드리지 않기에 제사장들이 어려워진다는 말입니다

각해 보십시오. 왜 하나님의 말씀을 들으라고 하셨겠습니까? 왜 하나님의 말씀을 마음에 두라고 하셨고 하나님을 영화롭게 하라고 하시는 지 생각해 보라는 말입니다. 당신들의 지파인 레위 지파를 통해서 하나님의 언약이 보존되길 바라기 때문입니다. 당신들이 하나님의 명령을 보존하면 백성들에게 생명이 있게 되는 것이고 평강이 있게 되는 것입니다. 말씀은 그걸 약속하고 있잖아요! 하나님은 당신들이 그 하나님의 말씀을 간직하면서 하나님을 경외하길 기대하신 겁니다. 전에 당신들의 조상들은 그랬습니다. 하나님을 경외하였고 율법을 주신 하나님을 두려워했습니다. 당신들의 조상들의 입에서는 진리가 흘러나왔고 불의가 없었지요. 당신들의 조상들은 화평을 가져다주는 사람들이었고 정직한 사람들이었습니다. 하나님과 동행하는 사람들이었고 백성들은 당신들의 조상들로 인해 죄악에서 떠났던 겁니다. 그게 당신들의 조상들의 모습이었습니다. 제사장은 그래야 하는 겁니다. 제사장의 입에는 하나님의 말씀에 대한 지식이 충만해야 하는 것이고 사람들은 제사장에게 율법이 무엇인지를 가르쳐 달라고 할 만큼 말씀에 대하여 자세히 알고 있어야 하는 것입니다. 제사장은 하나님의 사자이므로 하나님의 말씀을 가지고 있어야 하는 거란 말입니다. 그런데 당신들은 어떻습니까? 조상들과는 달리 정도를 떠나서 살고 있지 않은지요? 당신들 때문에 많은 사람들이 어긋난 길로 가고 있지는 않은지요? 제사장 지파인 레위 사람들이 하나님과의 언약을 파기한 겁니다. 당신들이 하나님의 도를 지키지 아니하고 율법을 적응할 때에도 힘 있는 사람에게는 대충대충 적응을 하고 힘없는 사람에게는 엄격한 적응을 하지 않았는지요? 하나님은 당신들의 편협적인 제사장 노릇에 화가 나신 겁니다. 당신들이 제사장으로서 사람들에게 존경도 받지 못하고 오히려 멸시를 받고 조롱을 받고 있는 것은 당신들의 행동이 원인이었던 겁니다."

『만군의 여호와가 이르노라 내가 이 명령을 너희에게 내린 것은 레위와 세운 나의 언약이 항상 있게 하려 함인 줄을 너희가 알리라 레위와 세운 나의 언약은 생명과 평강의 언약이라 내가 이것으로 그에게 준 것은 그로 경외하게 하려 함이라 그가 나를 경외하고 내 이름을 두려워하였으며 그 입에는 진리의 법이 있었고 그 입술에는 불의함이 없었으며 그가 화평과 정직한 중에서 나와 동행하며 많은 사람을 돌이켜 죄악에서 떠나게 하였느니라 대저 제사장의 입술은 지식을 지켜야 하겠고 사람들이 그 입에서 율법을 구하게 되어야 할 것이니 제사장은 만군의 여호와의 사자가 됨이어늘 너희는 정도에서 떠나 많은 사람으로 율법에 거치게 하도다 나 만군의 여호와가 이르노니 너희가 레위의 언약을 파하였느니라 너희가 내 도를 지키지 아니하고 율법을 행할 때에 사람에게 편벽되이 하였으므로 나도 너희로 모든 백성 앞에 멸시와 천대를 당하게 하였느니라 하시니라』(2:4-9)

우리 민족 가운데 복음이 들어 와 교회가 세워지고
교회에 목회자들이 세워졌을 때
그 목사님들은 존경의 대상이었습니다.
성경 말씀을 진심으로 사랑하고 그 말씀을 묵상하며 연구했답니다.
사람들에게도 성경은 하나님의 말씀이기에
성경을 사랑하라고 권면했답니다.

사람들은 성경을 모르면 목사님을 찾아 가곤 했지요.
목사님들로 인해 깨어진 가정이 회복되기도 했고
방탕하게 사는 사람이 바로 되기도 했답니다.
목사님들은 사회의 불의를 보면서 바른 말을 하곤 했답니다.
사람들은 목사님들을 보면서
하나님이 함께 하는 사람이라고 말했지요.

기독교가 우리 민족에 들어오고 이젠 백 년이 훨씬 지났습니다.
목사님들이 존경의 대상인지 생각해 보아야 합니다.
하나님의 말씀인 성경을 담고 있는 설교 말씀도 많지 않습니다.
성경을 공부하려고 몸부림치는 목회자보다는
세상 지식을 몰라서 속상해 하는 목회자가 많답니다.
학위를 받지 못해서 열등감 가운데 빠져 있는 사람이 많답니다.
사람들은 성경을 배우고 싶어도
누구에게 가야 하는지 멋쩍어 한답니다.
이스라엘의 처음 제사장들과
한참 훗날의 제사장이 많이 달랐던 것처럼
우리 민족의 처음 목회자와 백 년이 지난 지금의 목회자와는
많이 다른 겁니다.
그래서 슬프답니다.

5 말 2:10-12

이방 여인과 결혼한 죄

제사장들에게 무서운 말씀을 퍼붓던 말라기는 그 화살을 일반 백성들에게로 돌렸습니다. 백성들은 서로 물어뜯고 비판하면서 미움으로 가득 차 있었던 겁니다. 말라기는 답답했습니다. 바사 제국의 식민지로 사는 것도 억울한데 그나마 같은 민족이요 한 하나님을 섬긴다는 자기들끼리 싸움박질 하고 있는 것에 속이 상했지요.

"이보시오 형제들, 우린 한 아버지의 자손들이 아니요? 우리가 섬기는 하나님은 한 하나님이 아니요? 그 하나님에게서 지음을 받았는데 당신들은 왜 서로 못 잡아먹어서 야단이요? 서로들 불신하며 믿음이 깨져있느냐는 말이요?"

말라기는 백성들을 향해 계속 말을 이었습니다.

"누구는 하면 안 되는 이방인과 결혼하였음에도 불구하고 얼굴을 뻔뻔하게 들어내고 살고 있으니 그런 사람들 때문에 우리 민족이 분열되어 있는 것이 아닌지요? 우리가 서로를 위로하고 품어야 하지만 죄를 그냥 둘 수 있는 것은 아니지 않소. 아무리 이스라엘의 핏줄이라 하더라도 그리고 제사를 드린다고 하더라도 이방 사람들과 결혼해서 살고 있는 사람들은 하나님께서 이스라엘 중에서 끊어 버리실 것이요!"

『우리는 한 아버지를 가지지 아니하였느냐 한 하나님의 지으신 바가 아니냐 어찌하여 우리 각 사람이 자기 형제에게 궤사를 행하여 우리 열조의 언약을 욕되게 하느냐 유다는 궤사를 행하였고 이스라엘과 예루살렘 중에서는 가증한 일을 행하였으며 유다는 여호와의 사랑하시는 그 성결을 욕되게 하여 이방 신의 딸과 결혼하였으니 이 일을 행하는 사람에게 속한 자는 깨는 자나 응답하는 자는 물론이요 만군의 여호와께 제사를 드리는 자도 여호와께서 야곱의 장막 가운데서 끊어 버리시리라』(2:10-12)

『깨는 자나 응답하는 자』(:12)

속담인 것 같기도 하고
이스라엘 사회에서는 관용적으로 이해되는 말인 것 같기도 합니다.
그러나 그 뜻은 '모두' 혹은 '평범한 사람'이라는 의미지요.

이방인과 결혼한 것이 신앙 공동체를 분열시킨답니다.
다른 피부색을 가진 것 때문이 아니지요.
다른 언어 때문도 아니랍니다.
영혼과 마음과 생각을 지배하고 있는 신앙 때문입니다.
그렇기에 성경은 하나님을 모르고 하나님께 지배되어 있지 않은 불신자와의 결혼을 금하고 있는 거랍니다.

성도와 불신자는 너무도 다릅니다.
가는 목적지가 다릅니다.
인생을 살아가는 방법도 다릅니다.
생각과 마음이 다른 겁니다.
생긴 모습은 같은 사람일지 모르지만
속사람은 완전히 다른 길을 가고 있는 것이지요.

지금 살고 있는 배우자가 불신자인 사람들은
마음에 부담이 있을 겁니다.
불신자인 배우자에게 생명의 길에 들어서도록
기도하고 권면하세요.
거듭나 예수님을 주인으로 모시고 살도록 해야 하는 거랍니다.
할 수 없습니다.
그렇게 신앙의 길로 들어서기까지는
나의 십자가라고 생각하고 견뎌야지요.

아직 결혼을 하지 않은 사람이라면

반드시 같은 믿음의 사람을 만나야 한답니다.

경제력, 건강, 학벌과 지식... 모든 것이 중요합니다만

이런 것은 하루아침에 바뀔 수 있는 것이랍니다.

그런데 생각과 마음을 지배하고 있는 보이지 않는 신앙은

그리 쉽게 변하는 것이 아니랍니다.

행복은 보이지 않는 것에 있답니다!

❻ 말 2:13-16

아내의 눈에서 눈물을 빼지 말라!

많은 이스라엘 사람들과 유다 사람들이 이방 여인들과 결혼을 했습니다. 그들이 예뻐서 결혼한 사람도 있습니다. 돈 때문에 결혼한 사람도 있습니다. 똑똑함 때문에 결혼한 사람도 있지요. 이유는 분명히 있었습니다. 그런데 이방 여인과 결혼하면서 하나님이 맺어 준 조강지처를 버린 겁니다.

남편에게 버림받은 여인들은 하루아침에 비참한 인생이 되었습니다. 남편에게 버림받고 아비 집으로 갔습니다만 거기서도 머무를 수 없었습니다. 친구 집에도 갈 수 없었습니다. 그야말로 잠잘 곳도 변변치 않은 거지가 되고 만 겁니다. 남편에게 버림받은 여인들이 여기저기 모여 신세를 한

탄하고 비통의 눈물을 흘리고 있었습니다.

이방 여인을 아내로 맞이하는 일이 처음엔 쉬쉬하는 일이었습니다. 그런데 그런 사람이 하나 둘씩 많아지자 슬그머니 본 아내를 내쫓고 이방 여인과 살고 있는 것을 노골적으로 말하기를 시작한 겁니다. 문제는 점점 심각해졌습니다. 여기저기서 이방여인과 살고 있는 사람들이 많다보니깐 그렇게 하는 일이 대수롭지 않게 된 겁니다. 이젠 전혀 이상하지도 부끄럽지도 않은 일반적인 일이 되고 말았답니다. 이방 여인과 살고 또 본처를 내쫓는 일이 말입니다.

남자들은 웃겼습니다. 조강지처를 버리고 이방 여인과 살면서도 하나님의 전에 나와서는 점잖게 대화를 나누기도 하고 율법을 배우기도 하고 제사를 드리는 겁니다. 제물도 아주 괜찮은 것으로 가지고 와서 종교 활동을 하는 거였습니다.

"이런 철면피 같은 놈들아!"

말라기의 고함이었습니다.

"네 놈들이 하나님의 성전을 들락날락 거려? 망할 놈들 같으니라구! 하나님을 알지도 못하는 이방 여자들을 데려다가 재미보고 살고 있으면서 하나님을 섬긴다구? 아니 하나님이 맺어 준 조강지처는 길에다가 내팽개쳐 버리고 이방 여자들을 안방에다 앉혀 놔? 네 놈들이 정신이 있는 거냐? 망할 놈들아! 그러면서 율법을 배우고 신앙생활 한답시고 성전에 와서 제사를 드려? 네 놈들의 발이 더러워 성전이 더러워진다 이놈들아. 길거리에

네 놈들이 내쫓은 여인들의 탄식소리와 눈물이 있는데 네 놈들이 드리는 제사와 제물을 하나님이 받으시겠냐?"

『너희가 이런 일도 행하나니 곧 눈물과 울음과 탄식으로 여호와의 단을 가리우게 하도다 그러므로 여호와께서 다시는 너희의 헌물을 돌아보지도 아니하시며 그것을 너희 손에서 기꺼이 받지도 아니하시거늘』(2:13)

죄가 진행되는 한, 죄가 처리 되지 않은 한
하나님은 우리가 행하는 모든 신앙적 행위를 거부하십니다.
예배도 기도도 헌물도 봉사도 섬김도...
모든 것을 거부하시는 겁니다.
깨끗한 사람의 것만을 받으신다는 겁니다.
그렇다고 죄를 짓지 않은 사람을
깨끗한 사람이라고 하는 게 아닙니다.
죄를 안 지은 사람을 말하는 것이 아니라
지은 죄를 뉘우치고 그리스도의 보혈 앞에 회개하고
죄를 그친 사람을 말하는 것이지요.
하나님이 받으시는 신앙적 행위는
용서 받고 깨끗케 된 사람의 것만이 가능한 거랍니다.

"우리의 제사와 제물을 받지 않으신다니요? 우리의 정성스런 제사와 값진 제물을 하나님이 받지 않는다는 게 말이나 됩니까? 도대체 왜 우리의 제물과 헌물을 받지 않으신다는 말이요?"

사람들은 말라기의 말에 따지듯이 물었습니다.

"이 사람들아, 그걸 모르겠는가? 자네들이 어려서 취한 아내를 버렸기 때문이야! 한 평생을 살겠다고 맹세를 한 그 아내를 헌 신짝 버리듯 내어 쫓는 못된 일을 했으니 하나님이 자네 같은 놈들의 제사와 제물을 받으시겠어? 하나님께서 남자의 아내를 많이 지으실 수도 있으셨으나 하나만 지으셨잖아. 왜 하나만 지으셨겠는가? 경건한 후손을 얻고자 하심이거든. 그런데 자네들은 또 다른 여자를 얻어 하나님의 뜻을 거역한 거야. 조강지처를 버리구 말이야! 분명히 말하는데 어려서 맺어진 아내를 버리면 하나님의 뜻을 거스리는 악을 행하는 것이라는 말이지. 말하자면 이혼하지 말라는 거야! 싫어졌다고 해서 아내에게 육체적 정신적인 학대를 하지 말라는 거야. 어떤 이유에서든지 간에 그건 하나님이 미워하시는 거라는 걸 명심해야 하는 거지. 자네들이 이 핑계 저 핑계를 대면서 조강지처 버린 걸 합리화하려 하지만 절대로 하나님을 속일 수는 없다는 걸 명심들 하게나! 하나님은 절대로 안 속아 절대로! 그래서 당신들이 아무리 말을 많이 한다 해도 마누라 버린 놈들의 제물과 제사는 거들떠도 보지 않으신다는 말이네!"

『너희는 이르기를 어찜이니까 하는도다 이는 너와 너의 어려서 취한 아내 사이에 여호와께서 일찌기 증거하셨음을 인함이니라 그는 네 짝이요 너와 맹약한 아내로되 네가 그에게 궤사를 행하도다 여호와는 영이 유여하실지라도 오직 하나를 짓지 아니하셨느냐 어찌하여 하나만 지으셨느냐 이는 경건한 자손을 얻고자 하심이니라 그러므로 네 심령을 삼가 지켜 어려서 취한 아내에게 궤사를 행치 말지니라 이스라엘의 하나님 여호와가 이르노니 나는 이혼하는 것과 학대로 옷을 가리우는 자를 미워하노라 만군의 여호와의 말이니라 그러므로 너희 심령을 삼가 지켜 궤사를 행치 말지니라』(2:14-16)

아내를 버린 사람은 나쁜 사람입니다
남편을 버린 사람도 나쁜 사람입니다.
물론 버림받은 걸 말하는 건 아닙니다.
버린 사람을 말하는 겁니다.
아내나 남편을 버린 사람들은 말이 많습니다.
버린 자기가 나쁜 사람이 아니라
(더 이상 받아 줄 수 없는) 버림받을 짓을 했기 때문에
할 수 없이 버렸다고 말한답니다.
그럴 수도 있겠지요.
만일 하나님께서도 그걸 동의 하신다면 괜찮지만
그것이 아니라 하나님 들으시기에
자기 합리화 하는 변명에 불과하다면
그건 심각해지는 겁니다.

처음 결혼한 사람을 소중히 여기세요.
살다보면 싫어질 때가 있을 겁니다.
그래도 처음 결혼한 그 사람과 같이 가는 것이 바른 삶입니다.
결혼할 때 진한 사랑 했었잖아요.
두 사람 사이의 행복을 어떤 것도 깰 수 없었기에 결혼 한 거잖아요.

결혼하면서 약속했잖아요.

검은 머리가 파뿌리 될 때까지 사랑할 거라고 말입니다.

건강해도 사랑하지만 병들어도 함께 할 거라고 했잖아요.

물질이 풍성해도 사랑하지만 가난해도 함께 할 것을 다짐했구요.

바람이 불어도 태풍이 불고 홍수가 나도

괴로워도 즐거워도 슬퍼도 기뻐도

함께 할 것이라고

둘이 꼭 다짐하고 약속했잖아요.

어떤 역경 속에서도 이해해 주고 품어 줄 것이라고 약속했잖아요.

반지도 끼워 주면서 처음도 끝도 없는 변하지

않을 사랑을 약속했잖아요.

아내도 남편도 많이 변했을 겁니다.

변할 줄 알면서도 서로 약속했었답니다.

몸도 매력이 없어졌을 겁니다.

행동도 달라졌을 겁니다.

말도 재미없어졌을 겁니다.

함께 있는 시간도 무척이나 줄었을 겁니다.

마음 아프게 한 일도 섭섭한 일도 많을 겁니다.

공주 같고 왕비 같을 줄 알았는데 아줌마가 되어 있고

왕자 같고 왕 같을 줄 알았는데 무기력한 아저씨가 되어 있는 게

싫을 수도 있지요.

그런데 그렇게 된다 하더라도 함께 갈 것을 약속했었잖아요.

그 약속 지켜야지요.

그 약속 지키는 사람을 하나님께서 기뻐하신답니다.
그 약속 안 지키고 아내를 남편을 버린 사람을
하나님은 미워하신답니다.
그 약속 안 지키고 아내를 학대하고 남편을 학대하는 사람을
하나님은 미워하신답니다.

주님 처음 만났을 때 얼마나 좋았는지요.
우린 주님을 나의 신랑이라고 했답니다.
온통 생각과 마음에 그 분 뿐이었답니다.
기쁘고 즐겁고 형통할 때는 물론이지만
아프고 슬프고 고통의 때에도 그분 한 분으로 행복했었답니다.
그분이 전부였답니다.

세월 흘러 그분과의 관계가 덤덤해 진 겁니다.
있어도 그만 없어도 그만이 된 거지요.
오히려 그분이 내 삶에 짜증스런 존재가 된 것 같아
그분 만난 걸 후회할 때도 있지요.
그분과 한 약속을 까맣게 잊고 말입니다.

그분과의 약속 되새기세요.
그분과의 첫 사랑 회복하세요.
그분 있는 것이 그분과 사는 것이 가장 행복한 것임을 새기세요.
하나님은 우리가 주님과 한 약속을 잘 지키길 바라신답니다.
약속 깨면 하나님이 미워하신답니다.

❼ 말 2:17

뻔뻔한 입술들

말라기는 예루살렘과 유다 땅을 다니면서 민중들의 생활과 저들이 하는 말들을 상세히 보고 듣고 있었습니다. 그들의 삶을 보고 그들이 하는 말을 듣는 말라기는 마음이 아팠답니다. 하나님도 많이 괴로우실 거라는 생각이 들었답니다.

"이 사람들아, 당신들이 그렇게 함부로 말하고 이 핑계 저 핑계를 대면 하나님 마음이 얼마나 괴로우시겠는가? 말들 좀 조심하게나!"

말라기의 애처로운 권면이었지요.

"뭐라고? 우리가 하나님의 마음을 괴롭게 하는 말을 한다고? 아니 말이 났으니 말이지, 우리가 뭘 하나님을 괴롭게 했다고 말하는 거요? 어떻게 하나님을 괴롭게 했는지 말해보란 말이요."

사람들은 말라기의 말을 아주 고깝게 듣고 대드는 거였습니다.

"당신들이 버릇처럼 하는 말이 있지 않소. 하나님은 악한 사람을 선하게 보시고 기뻐하시는 분이고 전혀 공의를 베풀지 않는 하나님이 아니냐고 말들 하지 않소. 그게 하나님을 향해서 할 말이요? 그런 무례한 말을 하면서도 당신들은 하나님의 마음을 괴롭게 한 적이 없다고 하는 게 아니요. 그런 말 하면 듣고 계신 하나님의 마음이 얼마나 괴로우시겠느냐는 거지!"

『너희가 말로 여호와를 괴로우시게 하고도 이르기를 우리가 어떻게 여호와를 괴로우시게 하였나 하는도다 이는 너희가 말하기를 모든 행악하는 자는 여호와의 눈에 선히 보이며 그에게 기쁨이 된다 하며 또 말하기를 공의의 하나님이 어디 계시냐 함이니라』(2:17)

말, 조심해야 합니다.
낮 말은 새가 듣고 밤 말은 쥐가 듣는다고 했잖아요.
벽에도 귀가 있다고 했잖아요.
그렇다고 그래서 말을 조심하는 건 아니구요
하나님이 듣고 계시기 때문에 말을 조심해야 하는 거랍니다.
악한 말 하지 마세요. 거짓말 더러운 말 하지 마세요.

자랑하는 말도 하지 말고 무례한 말도 하지 않는 겁니다.
확실하지도 않으면서 확실한 것처럼
스스로를 속이는 말을 하지 마세요.
모르면 모른다고 분명히 말하세요.
더구나 하나님을 무시하는 말 하지 마세요.
받은 은혜가 넘치는 데도 잊어버리고
불평하는 말을 하면
하나님 마음이 얼마나 아프시겠는지요.

겸손의 말, 정직한 말, 격려하는 말, 감사하는 말,
사랑하는 말, 용서의 말
하나님이 기뻐하신답니다.
하나님을 높이는 말, 하나님께 감사하는 말,
하나님의 은혜를 찬양하는 말
하나님이 즐거워하신답니다.
입술의 제사란
아름다운 말이랍니다.

8 말 3:1–6

다가오는 은혜

제사장이나 신앙적 지도자 위치에 있는 사람들은 물론 일반 백성들까지도 형식주의와 타성주의에 젖어 살고 있는 모습이었습니다. 말라기는 안타까운 마음으로 저들의 무딘 마음에 설교를 하고 권면을 하였지만 들으려고 하는 사람도 돌이키는 사람도 많지 않았답니다. 말라기의 눈에는 유다의 미래가 암담하기만 하였습니다.

"말라기야, 네 마음이 무척이나 무겁구나. 지도자들이건 백성들이건 어두워진 것을 보니 네 마음이 그럴 만도 하겠지."

하나님의 음성이었습니다.

"말라기야, 얼마 후에 내가 사자를 보낼 것이다. 나의 길을 예비할 특별한 사자지. 너를 비롯한 생명 있는 사람들이 소원하는 게 있지 않느냐? 이대로는 암담하고 희망이 없잖냐? 너도 그렇지만 신실한 자들이, 죄를 없이 할 메시야, 내가 오래 전 선진들을 통해 말하던 그 언약의 메시야를 사모하고 있지 않아? 내가 그 자를 보낼 것이니라. 그런데 그 전에 그 메시야의 길을 준비할 자를 보낼 것이지. 그가 길을 닦은 후에 메시야가 바로 임할 것이니라."

『만군의 여호와가 이르노라 보라 내가 내 사자를 보내리니 그가 내 앞에서 길을 예비할 것이요 또 너희의 구하는바 주가 홀연히 그 전에 임하리니 곧 너희의 사모하는바 언약의 사자가 임할 것이라』(3:1)

"말라기야, 사람들이 신앙에 관심 없을 때, 정말 뜻밖의 시간에 메시야가 임할 것이란다. 그의 날을 누가 이길 것이고 그의 날에 그를 무시할

말라기에서 (세례) 요한에 관한 예언이 나옵니다.

이름은 쓰여 있지 않지만 「내 사자」라는 말로 하나님의 사람을 말하고 있지요. 훗날 세례 요한으로 드러난 겁니다. 또한 말라기는 메시야의 도래가 임박했음을 알려주고 있답니다. 오래 전 여러 선지자들을 통해 희미하게 알려 준 그 메시야의 도래를 아주 구체적으로 말하고 있는 거지요. 아무리 더 이상 죄 문제를 말한다 하더라도 인간의 힘으로는 죄를 해결 할 수 없다는 결론으로 (물론 하나님은 오래 전부터 아셨지만) 하나님께서 당신이 계획하신 것을 시작 성취하시려는 거였지요.

자가 없을 것이지. 그가 임해서 인간을 깨끗게 할 것이야! 금을 연단하는 사람이 뜨거운 불로 불순물을 없이 하고 깨끗한 금을 만들어 내는 것처럼, 표백하는 사람이 잿물을 가지고 더러운 것을 없이 하고 깨끗하게 하는 것처럼 메시야는 인간을 깨끗하게 할 것이지. 제사장들과 지도자들의 죄도 없애므로 제사장들은 깨끗함으로 제사를 드리게 될 것이고 나는 오래 전 너희 조상들의 제사를 기뻐했던 것처럼 그들의 제사를 기쁘게 받을 것이니라. 제물도 기쁘게 받을 것은 물론이고."

『2 그의 임하는 날을 누가 능히 당하며 그의 나타나는 때에 누가 능히 서리요 그는 금을 연단하는 자의 불과 표백하는 자의 잿물과 같을 것이라 3 그가 은을 연단하여 깨끗케 하는 자같이 앉아서 레위 자손을 깨끗케 하되 금, 은같이 그들을 연단하리니 그들이 의로운 제물을 나 여호와께 드릴 것이라 그가 은을 연단하여 깨끗케 하는 자 같이 앉아서 레위 자손을 깨끗케 하되 금, 은 같이 그들을 연단하리니 그들이 의로운 제물을 나 여호와께 드릴 것이라 그 때에 유다와 예루살렘의 헌물이 옛날과 고대와 같이 나 여호와께 기쁨이 되려니와』 (3:2–4)

생명의 사람이란
나의 죄를 지시고 십자가에서 대신 죽으신
하나님의 아들을 붙잡고 사는 사람을 말합니다.
죄를 덜 짓고 사는 사람이 아닙니다.
죄를 안 짓고 사는 사람도 아닙니다.
지은 죄를 속죄하기 위해

고행과 선행을 하고 있는 사람도 아닙니다.

생명의 사람은

내 힘과 의지로 끊을 수 없는 죄를

더 이상 거론하지 않으시려고

당신의 아들을 십자가에 못 박아 죽이신

메시야가 오셔서 하시는 일은 '죄를 없이 하시는 일'입니다.

금을 연단하는 사람이 금에게 깨끗해지라고 말한다든지 깨끗지 못함을 책망하는 것이 아니라 연단하는 본인이 더러운 걸 없게 해 주는 것처럼, 메시야는 이 땅에 오셔서 죄를 더 짓지 말라고 하시는 것이 아닙니다. 죄로 더러워져 있음에 인상을 찌푸리고 괴로워하면서 책망하시는 것이 아닙니다. 인간에게 있는 죄 자체를 없게 하시는 분이라는 거지요.

선지자들은 인간의 죄를 책망했습니다. 죄를 그치라고 했습니다. 그러나 인간은 죄를 그칠 수 없는 존재입니다. 채찍을 대도 타일러도 통제를 한다 하더라도 인간은 도무지 죄로부터 벗어날 수 없는 겁니다. 선지자를 끊임없이 보낸다 하더라도 그야말로 밑 빠진 독에 물 붓는 일에 불과한 거지요.

죄를 없이 해야 합니다. 메시야는 그 죄를 자기가 다 지고 죽으심으로 인간에게 있어서 죄라는 것을 없애는 일을 하신 겁니다. 선지자가 와서 죄를 말할 필요가 없습니다. 인간에겐 죄라는 것이 없기 때문입니다. 인간이 죄를 짓고 있다 하더라도 그 죄가 저주의 원인이거나 심판 받음의 이유가 아닙니다. 왜냐하면 죄는 메시야가 없앴기 때문입니다. 이것이 하나님이 하신 위대한 일인 겁니다.

그러나 심판은 있습니다. 죄 때문에 심판이 있는 것은 아닙니다. 하나님이 하신 위대한 일을 받아들이지 않는 것을 심판하시는 겁니다. 죄라는 걸 당신의 아들 메시야를 통해 없애주신 하나님의 은혜와 사랑을 '받아들이는가? 거부하는가?' 하는 것이 심판의 잣대일 뿐입니다.

하나님의 은혜를 붙잡고 사는 사람을 말하는 겁니다.
거듭난 사람은 그 은혜에 젖어 사는 사람입니다.

"말라기야, 온 땅에 술수를 부리는 놈들이 있지? 간음하는 놈들도 있고, 거짓말을 하면서 맹세 하는 놈들도 있고, 일을 시켜 놓고 품삯을 주지 않고 억울하게 하는 나쁜 놈들이 있잖냐. 힘없는 과부와 고아를 부려먹고 압제하는 놈, 나그네를 괴롭히는 놈, 신앙을 우습게 알고 나를 경멸하는 놈이 있잖냐. 나쁜 놈들이지. 그런데 그들이 분명 나쁜 놈들이긴 하다마는 그런 자들이 죄가 없어진 걸 증명하는 증인이 될 거다! 심판을 보면서 그들이 내가 한 일의 증인이 될 거라는 말이다! 내 말은 절대로 바뀌지 않는 말이야! 내 백성은 이 은혜를 받고 사는 자들이야!"

『내가 심판하러 너희에게 임할 것이라 술수하는 자에게와 간음하는 자에게와 거짓 맹세하는 자에게와 품군의 삯에 대하여 억울케 하며 과부와 고아를 압제하며 나그네를 억울케 하며 나를 경외치 아니하는 자들에게 속히 증거하리라 만군의 여호와가 말하였느니라 나 여호와는 변역지 아니하나니 그러므로 야곱의 자손들아 너희가 소멸되지 아니하느니라』(3:5-6)

행위로 심판하신다면
술수하는 자, 간음하는 자, 거짓 맹세하는 자, 사기꾼,
엉터리 종교인...
당연히 저주와 심판 받을 사람들이랍니다.
그런데 그런 자들이 구원 받아

구원은 행위가 아님을 증거 할 증인이 될 거라는 말이지요.

예수 십자가 옆에 있던 강도가

대표적인 증인이랍니다.

수가성의 여인도 증인이랍니다.

삭개오도 증인이랍니다.

나도 증인이랍니다.

우리 모두 증인이랍니다.

❾ 말 3:7–12
물질의 통로를 막히게 하지 말라

하나님의 계획을 들은 말라기는 이스라엘을 향한 하나님의 사랑의 깊이가 어떤 것인지에 감동하고 있었습니다. 그런 하나님의 놀라운 사랑을 모르고 여전히 제멋대로 살고 있는 사람들이 얼마나 안타까웠는지 모릅니다. 하나님은 그들을 버리지 못하는 사랑을 갖고 계시는데 사람들은 마치 영원히 버림받은 것처럼 포기하고 사는 거였던 겁니다.

"여러 형제들이여, 하나님께로 돌아오십시오."

말라기의 애절한 설교였습니다.

"여러분들은 물론 우리의 조상들이 하나님의 규례를 지키지 않았습니다. 그러나 하나님은 여전히 우리를 기다리고 계시지 않습니까? 그러니 이젠 하나님께로 돌아가야 합니다. 그러면 하나님이 얼마나 기뻐하시겠는지요. 하나님의 축복을 받아 복된 삶을 살 것이라는 말입니다."

말라기의 말을 듣던 누군가가 그를 비웃듯이 쳐다보면서 말하는 겁니다.

"이보슈 말라기 양반, 당신은 우리가 하나님을 떠났다고 말하는데 우리가 어떻게 하나님을 떠났다는 거요? 우린 때 되면 제사도 드리고 제물도 드리잖소. 이 어려운 살림에도 성전에 들락날락 하는 것이 쉬운 줄 아시오? 말이야 바른 말이지, 우리가 하나님을 떠난 것이 아니라 하나님이 우릴 떠나신 거겠지. 우리가 하나님을 떠났다고 하면서 돌아오라고 하지만 말고 어떻게 돌아오라는지 구체적으로 말해 보시구려!"

『만군의 여호와가 이르노라 너희 열조의 날로부터 너희가 나의 규례를 떠나 지키지 아니하였도다 그런즉 내게로 돌아오라 그리하면 나도 너희에게로 돌아가리라 하였더니 너희가 이르기를 우리가 어떻게 하여야 돌아가리이까 하도다』(3:7)

말라기는 답답했습니다. 이리도 하나님의 깊은 사랑과 계획을 전혀 모르고 마치 버려진 사람처럼 막가는 인생을 살면서 하나님을 향해 원망만 하는 사람들이 불쌍했던 겁니다. 마음 깊은 곳에서 하나님을 향한 불신과 원망이 여러 가지 행태로 나타나고 있는 데도 그걸 모르고 오히려 하나님을 떠난 적이 없다고 큰 소리를 치고 있는 것이 너무도 측은해 보인 거지요.

"이보시오들, 내 한 가지만 들어서 당신들이 하나님을 떠나 있음을 말하리다. 당신들이 하나님의 것을 도적질 하고 있다는 걸 알고 있소?"

"도적질? 우리가 하나님의 것을 도적질 했다고? 우리가 성전 기물을 훔쳤소? 아니면 성전 나무를 훔쳤소? 우리 보고 도적놈 이라니? 그것도 하나님의 것을 도적질 했다니 무슨 막말을 하는 거요?"

"십일조를 도적질 한 건 생각도 나지 않으시는가 봅니다?"

말라기는 단도직입적으로 말했습니다.

"이보시오들, 당신들이 농사를 짓고 짐승을 키우면서 얻은 것이 누구 덕이요? 자연적인 일입니까? 하나님이 은혜를 주셔서 얻은 것들입니까? 말씀들 좀 해 보시구려. 입으로는 하나님의 은혜로 농사도 짓고 짐승도 키워 수확을 얻었다고 하면서 그야말로 그건 입으로만 하는 말이 아닌지요? 진정 하나님께서 주신 은혜라고 생각한다면 하나님께 십일조를 드리는 게 맞는 거 아니겠소? 십일조를 드림은 하나님을 믿는다는 믿음의 표식 아니요? 그런데 십일조를 드리지 않고 있으니 그게 도적이 아니고 뭐냐는 거요? 사람 것을 도적질 한 게 아니고 하나님 것을 도적질 한 거란 말이요. 온 백성이 하나님 것을 도적질 하고 살고 있으니 나라가 잘 될 턱이 있나! 하나님이 이 민족을 힘들게 한 것이 아니라 하나님의 것을 도적질하는 놈들에게 고개를 돌리신 거지."

『사람이 어찌 하나님의 것을 도적질하겠느냐 그러나 너희는 나의 것을 도적질하고도 말하기를 우리가 어떻게 주의 것을 도적질하였나이까 하도다 이는 곧 십일조와 헌물이라 너희 곧 온 나라가 나의 것을 도적질하였으므로 너희가 저주를 받았느니라』(3:8-9)

"여러 형제들이여, 십일조를 하나님께 드리십시오. 그건 당신들의 소유가 아니라 하나님의 것입니다. 하나님을 신뢰한다는 신앙고백이요 복 받

십일조와 헌물은

백성들의 신앙을 위해 평생을 사는 제사장과 레위인의 삶을 위한 것이고(민 18:24, 28) 일정 기간 동안 노력할 수도 없고 노력해도 먹고 살 수 없는 사람들 즉 고아와 과부, 나그네를 위해 준비된 물질입니다(신 14:29). 십일조는 자신의 수확에서 1/10을 드리는 것이고 헌물은 정해진 양은 없지만 마음과 형편에 따라 드리는 겁니다. 헌물에 대하여는 모든 소산의 첫 것을 드리도록 말하고 있습니다(민 15:19-21). 마음과 정성이 하나님께 가 있음을 보고 싶어 하시는 하나님의 요청이랍니다. 성전 사역을 위하여 모든 사람들로 하여금 아주 적은 부담도 정해 놓으셨습니다. 이스라엘의 경우 반(1/2) 세겔이 의무였답니다(출 30:10, 11-16). 십일조는 신앙고백입니다. 나의 물질적인 삶이 하나님의 전적인 은혜요 내가 가진 물질은 내 것이 아니라 하나님의 것이라고 고백하는 행위입니다. 또한 십일조와 헌물은 은혜의 통로입니다.

『그리하면 네 하나님 여호와께서 네 손으로 하는 범사에 네게 복을 주시리라』(신 14:29하)

는 은혜의 통로입니다. 지금 형편이 어려운 건 자연 현상이 아니라 하나님의 것을 도적질한 결과라는 거지요. 여러분도 아는 것처럼 제사장과 레위인들이 엉터리가 되어 있지 않소. 그들이 그렇게 된 이유가 여러 가지 있겠지만 저들도 먹고 사는 게 힘들다 보니 저렇게 된 것 아니요. 저들의 생활을 유지해야 하는 성전의 십일조 창고가 텅텅 비어 있으니 저들이 무슨 수로 성전 일을 열심히 할 수 있겠느냐는 말이요. 그러니 비어있는 성전 창고를 다시 채우시오! 아니 용기를 내어 채워보시오. 그럼 반드시 하나님이 당신들의 생활을 풍성하게 하실 겁니다! 당신들의 창고가 차고 넘칠 겁니다."

십일조 드림에 대한 가르침은 신약과 구약에 있어서 동일합니다.

어떤 이는 십일조가, 모세가 시내산에서 율법 받을 때 생긴 제도라고 합니다만 십일조는 모세 때 생긴 것이 아니라 그 훨씬 전부터 있던 형태지요. 아브라함 때부터 있었던 제도랍니다(창 14:18-20). 그러므로 십일조를 율법으로 보는 것은 옳지 않습니다. 율법이라면 신약에 와서 해석이 달라져야 하는데 십일조의 문제는 변함이 없다는 겁니다. 예수님도 십일조는 드려야 한다고 하셨지요. 필자의 생각으로는 십일조는 먼저 말한 것처럼 신앙고백이고 축복의 통로로서 존재하기 때문입니다. 십일조 드림에는 구약이건 신약이건 동일합니다만 그 쓰임에 있어서는 구약과 신약이 약간 다릅니다. 구약에서는 단순히 레위인과 제사장들 그리고 고아나 과부, 나그네 된 사람 등으로 규정되어 있습니다만 신약의 규정에서는 자유로운 것으로 나타납니다. 악한 일이나 의미 없는 일에 쓰이는 것을 제외하고는 성령의 인도에 따라 사용하는 자유함을 열어 놓았답니다.

『만군의 여호와가 이르노라 너희의 온전한 십일조를 창고에 들여 나의 집에 양식이 있게 하고 그것으로 나를 시험하여 내가 하늘 문을 열고 너희에게 복을 쌓을 곳이 없도록 붓지 아니하나 보라』(3:10)

십일조 드리는 것이 신앙은 아닙니다.
그러나 하나님께 대한 신앙은 십일조로 표현하는 겁니다.
현대를 살아가는 우리에게 십일조라는 것은 큰 부담이 됩니다만
오래 전 우리 신앙의 선배들은 우리보다 더 어려운 가운데서
십일조를 드려야 했답니다.
저들에겐 훨씬 더 부담이었을 겁니다.

십일조 드림은 많은 물질 드림입니다.
그런데 십일조를 드리면 물질의 축복을
하나님이 약속하셨다는 거지요.
많이 주시겠다는 겁니다.
좀 심한 말 같지만 십일조 드리지 않으면
물질 문제에 있어서는 하나님도 관여하지 않으시겠다는 거지요.
하나님이 간섭하시는 물질 생활하려면
십일조 드려야 하는 겁니다.
십일조는 내일의 풍성한 물질을 위한 '종자'랍니다.

"십일조를 드리시라구요. 황충을 금하실 겁니다. 땅이 마르지 않을 것이고 소산이 떨어지지 않을 것입니다. 포도나무에 포도가 기한 전에 떨어지는 일이 없을 겁니다. 주변 민족들이 놀랄 정도로 복 받은 사람들이라고

말할 겁니다."

『만군의 여호와가 이르노라 내가 너희를 위하여 황충을 금하여 너희 토지 소산을 멸하지 않게 하며 너희 밭에 포도나무의 과실로 기한 전에 떨어지지 않게 하리니 너희 땅이 아름다와지므로 열방이 너희를 복되다 하리라 만군의 여호와의 말이니라』(3:11-12)

월급쟁이가 수입이 뻔한데 십일조를 드리면
어떻게 풍부해지냐구요?
그렇지요. 월급이 늘어나야 하는데...
십일조를 통한 은혜에는 이런 것이 있답니다.
먼저는 노력한 만큼 얻는 것이 십일조 드림에서 받는 축복이지요.
노력했는데 열매가 없다면 얼마나 답답한데요.

이스라엘 사람들은 농사를 짓고 짐승을 키웠습니다.

농사를 열심히 짓는 것도 중요합니다만 때에 따라 햇빛이 있어야 하는 것이고 비가 있어야 하는 겁니다. 더위와 추위가 적절해야 하는 거지요. 비도 때에 따라 내려야지 아무 때나 내리면 안 되는 겁니다. 더욱 중요한 것은 얼마 후면 추수를 할 때인데 벌레가 와서 갉아 먹는다든지 완전히 익기 전에 바람이나 병으로 떨어져 버리면 낭패인 거지요. 농사는 시작부터 추수할 때까지 자연 때문에 숨 막히는 시간들이랍니다. 하나님이 벌레들의 움직임을 간섭하시겠다는 말을 황충을 금한다는 말로 쓴 겁니다. 짐승도 새끼를 배었는데 암수가 적당히 섞여 나와야 하거든요. 게다가 기한이 차서 출생을 해야 하거든요. 그런데 그렇지 못하면 낭패인 겁니다. 그런 걸 황충, 혹은 기한 전이라는 말로 표현을 한 거지요.

고민이 있습니다.

십일조를 어떻게 드려야 온전한 십일조인가 하는 겁니다. 아무 것도 제하지 않은 상태(Gross income)에서 십일조인가? 아니면 손에 쥔 것에서의 십일조인가? 무척이나 어려운 문제입니다. 이런 어려움도 있습니다. 예를 들면, 장학금 받았다면 거기서도 십일조를 해야 하는가? 그러면 십일조 한 것 만큼이 또 필요할 텐데...

그래서 십일조는 믿음으로 하는 거지요. 양심에 맡기는 겁니다. 정말 양심에 맡기는 거예요. 하나님은 진실된 십일조인지 아니면 사람에게 보이는 생색을 내는 십일조인지 아시잖아요!

쓸데없는 지출이 없게 되는 축복이 있답니다.

수입이 정해져 있기에 지출도 계획하는 것이 우리의 생활이잖아요.

그런데 그야말로 빠듯한 계획을 비웃듯 쓸데없는 지출이 생긴다면

얼마나 속이 상하는지요.

십일조는 '은혜의 통로'라는 걸 잊지 마십시오.

십일조 드려서 생활이 어렵다거나

삶이 궁색해 졌다는 말은 들어 본 적이 없습니다.

십일조는 우리의 경제적인 삶을 궁색하지 않도록 하는

호위병이랍니다.

경제적으로 어렵다고 하지 마시고

십일조 드렸는가 생각해 보세요.

하는 일마다 돈이 벌리지 않는다고 투덜거리지 마시고

십일조 드렸는가 생각해 보세요.

생각지도 않은 지출이 자꾸 생기기에 속상하다고 하지 말고

십일조 드렸는가 생각하는 겁니다.

다 된 일인데 마지막이 틀어지면서

그동안 헛고생한 것뿐이라면

'하나님의 뜻이 있겠지'라고 생각하기 전에

십일조 드렸는지를 생각해 보세요.

십일조는 부담이 아니라 축복이랍니다!

⑩ 말 3:13–18

존귀한 사람들

"여러 형제들이여, 내가 한 마디만 더 합시다. 당신들의 말이 너무도 완악하다는 겁니다."

말라기는 또 다른 주제를 가지고 사람들에게 다가갔습니다.

"뭐라고? 우리의 말이 완악하다고? 저 사람 보자보자 하니깐 제멋대로구먼. 자기 꼴리는 대로 지껄여. 우리의 말이 악하다니 뭐가 그리 악하단 말이야! 우린 하나님을 기분 나쁘게 한 말이 없어!"

사람들은 기분이 몹시 나쁘다는 말로 소리 지르면서 말라기에게 대들었습니다.

"내가 말하리이다. 당신들 툭하면 하나님 섬기는 게 아무런 유익이 안 된다고 투덜거리고 있지 않소. 하나님의 명령을 지켜봤자 아무 소용없다고 불평하는 건 뭐요? 금식할 필요도 없다고 불평하면서 오히려 이 세상을 살려면 자기 자랑을 잘해야 한다고 하지 않소? 그런 사람이 잘된다면서? 적당히 못된 짓을 해야 먹고 살 수 있다면서? 그런 사람들이 하나님 섬기는 사람들보다 훨씬 낫다고들 하면서 부러워하질 않소. 하나님 앞에서 겁먹고 사는 것보다 하나님을 무시하고 사는 사람이 더 잘 산다는 말은 뭐요? 그래야 하나님도 무서워서 그런 인생에게 복 준다고 하는 말은 뭐란 말이요? 이런 말이 악한 말이 아니면 뭐가 악한 말이요!"

『여호와가 이르노라 너희가 완악한 말로 나를 대적하고도 이르기를 우리가 무슨 말로 주를 대적하였나이까 하는도다 이는 너희가 말하기를 하나님을 섬기는 것이 헛되니 만군의 여호와 앞에 그 명령을 지키며 슬프게 행하는 것이 무엇이 유익하리요 지금 우리는 교만한 자가 복되다 하며 악을 행하는 자가 창성하며 하나님을 시험하는 자가 화를 면한다 하노라 함이니라』(3:13-15)

성경대로 사는 사람들이 사회에서 어울리지 못한다고 말합니다.
겸손보다는 자신을 과대포장해서라도 알려야 성공한다고 합니다.
적당한 거짓과 타협이 사회에서는 먹혀들어간다고 합니다.
좋은 신앙인(?)은 사회에서도 인정을 받아야 하는 사람이기에
타협이 필요하다고 합니다.
이는 하나님을 슬프게 하는 말, 완악한 말입니다.

하나님을 무능력한 분으로 취급하는 말입니다.

우린 세상 사람과 다른 것을 추구하는 사람들입니다.
성공과 잘 되는 것을 추구하지 않습니다.
대접 받는 것을 추구하지 않습니다.
재미를 추구하지도 않습니다. 편리함을 추구하는 사람이 아닙니다.
하나님의 사람은 생명을 추구합니다.
하나님의 마음을 추구합니다. 하나님 나라를 추구하는 사람입니다.
우린 세상 사람과 다른 마음을 가진 다른 사람입니다!

"하나님을 경멸하는 사람도 있겠으나 하나님을 경외하는 귀한 사람도 있소이다."

말라기는 숨겨진 하나님의 사람들을 향하여 설교하기 시작했습니다. 소수의 경건한 신앙인들에게 하나님의 위로와 소망을 주기 위한 설교였습니다.

"하나님을 경외하는 사람들은 서로가 말이 통합니다. 마음이 통합니다. 그들은 하나님을 존귀히 여기고 하나님을 기쁘게 하는 신실한 하나님의 사람들입니다. 하나님께서는 그들의 말에 귀를 기울이시는 겁니다. 하나님은 그들의 이름을 생명책에 기록해 놓으셨습니다. 그들은 하나님의 특별한 소유입니다. 하나님은 그들을 아끼시는 겁니다. 하나님께서는 당신이 아끼는 사람과 당신을 무시하는 사람을 구분하실 겁니다."

『그 때에 여호와를 경외하는 자들이 피차에 말하매 여호와께서 그것을 분명히 들으시고 여호와를 경외하는 자와 그 이름을 존중히 생각하는 자를 위하여 여호와 앞에 있는 기념책에 기록하셨느니라 만군의 여호와가 이르노라 내가 나의 정한 날에 그들로 나의 특별한 소유를 삼을 것이요 또 사람이 자기를 섬기는 아들을 아낌같이 내가 그들을 아끼리니 그 때에 너희가 돌아와서 의인과 악인이며 하나님을 섬기는 자와 섬기지 아니하는 자를 분별하리라』 (3:16-18)

악한 사람 교만한 사람이 득세하는 세상입니다.
신앙을 이용해 자신의 배를 불리는 세상입니다.
오히려 진지하고 바른 사람이 무능력한 사람으로
무시되는 세상입니다.
신앙을 교양인이 갖추어야 하는 필요 덕목으로만
생각하는 세상입니다.
마음에 하나님을 둔 거듭난 생명의 사람이 아니라
껍데기 그리스도인들의 모습입니다.
진짜 거듭난 생명의 사람은 그렇지 않습니다.
껍데기는 초라합니다.
그런데 하나님 없이 산다는 건
상상도 할 수 없는 마음으로 사는 삶입니다.
오직 주님 때문에 삶의 의미를 갖는 사람입니다.
하나님은 그런 사람을 귀한 사람으로 여기신답니다.
그런 사람을 생명책에 기록해 놓으시고
사랑스러워 아끼시고 아끼신답니다.

훗날, 다가오고 있는 그날에 구분될 겁니다.

예수 생명 가지고 산 사람과 생명 있는 척 한 사람이 구분될 겁니다.

하나님을 섬기는 척 한 사람과

하나님 없이는 못 산다고 하는 사람이 구분될 겁니다.

우린 그날, 구분될 그날을 손꼽아 기다리면서 사는

하나님이 아끼고 존귀히 여기는 행복한 사람들이랍니다!

⓫ 말 4:1-3
구분되는 날

말라기는 먼 훗날 신실한 성도들이 승리하는 날을 보고 있는 듯 흥분된 어조로 말을 이었습니다.

"풀무불에 들어가면 사라지는 것이 있고 남는 것이 있습니다. 교만한 자와 악을 행하는 자, 하나님을 마음에 두지 않은 거짓 신앙인은 그날 풀무불에서 지푸라기처럼 타고 말 것입니다. 하나님께서 뿌리까지 태워버리실 겁니다. 그러나 하나님을 경외하는 존귀한 자들에게는 의로운 해가 떠오르는 영광을 맛볼 것입니다. 그 해는 이 세상 살면서 믿음 지키는 것 때문에 받은 상처들을 깨끗하게 치료하는 광선이 될 것이지요! 몸도 완전히 치료 받을 것입니다. 마음도 깨끗하게 치료될 것입니다. 하나님을 경외하는 사람들은 그날 마치 송아지가 외양간에서 나와 기뻐서 펄펄 뛰는 것처럼 기뻐 뛸 것입니다. 그날에는 성도를 짓밟고 있던 사람들이 하나님의 사람들에게 짓밟힘을 당할 것입니다. 성도의 발바닥 밑에 먼지와 재 같은 신세가 되고 말 것입니다!"

말라기의 말은 힘들게 신앙을 지키고 있던 소수의 사람들에게 용기와 자신감을 주는 아름다운 말이었습니다.

> 『만군의 여호와가 이르노라 보라 극렬한 풀무불 같은 날이 이르리니 교만한 자와 악을 행하는 자는 다 초개같을 것이라 그 이르는 날이 그들을 살라 그 뿌리와 가지를 남기지 아니할 것이로되 내 이름을 경외하는 너희에게는 의로운 해가 떠올라서 치료하는 광선을 발하리니 너희가 나가서 외양간에서 나온 송아지 같이 뛰리라 또 너희가 악인을 밟을 것이니 그들이 나의 정한 날에 너희 발바닥 밑에 재와 같으리라 만군의 여호와의 말이니라』(4:1-3)

다가오고 있는 영광스런 날이 있습니다.
신랑 되신 예수께서 우리를 영접해 주시고
영원한 행복으로 인도하시는 그날을 기다리는 거지요.
면류관 씌워 주시면서 위로하시는 그날이랍니다.
그 영광스런 날이 약속되어 있기에
상처 받으면서도 꿋꿋한 겁니다.
무시당하면서도 이기는 겁니다.
괴로우면서도 견디는 겁니다.

우리에겐 주님 때문에 생긴 상처가 있습니다.

그런데 그날에 그 상처가 치료된답니다.

육신의 상처도 마음의 상처도

완전히 치료될 거랍니다.

그리고 승리의 면류관을 받을 거랍니다.

⓬ 말 4:4-6

시작되는 하나님의 일

"말라기야, 내가 이스라엘을 위하여 호렙 산에서 모세를 통해 준 율법을 기억하거라. 그 율법은 인간이 얼마나 무능력한 존재인지를 보여주고 있잖느냐. 인간은 누구도 내가 준 율법으로는 내게 가까이 올 수 없단다. 누구도 구원을 받을 수 없는 거야. 아무리 결심을 하고 결심을 해서 죄를 짓지 않아야겠다고 다짐을 해도 인간은 어쩔 수 없는 존재란다. 내가 모세를 통해 준 율법으로 그걸 깨달아야지! 이제 인간은 스스로는 절대로 죄 문제를 해결할 수 없기에 내가 해결하려 한다. 그 일이 시작될 거야. 위대한 일이다. 그런데 그 날이 시작되기 전에 내가 앞서서 사람 하나를 보낼 것이야. 엘리야와 같은 선지자를 먼저 보낼 것이야. 그가 사람들에게 인간의 연약함을 깨달을 수 있도록 하는 사역을 할 것이란다. 그가 나의 할 일을 준비시키면 수많은 사람이 나의 할 일을 받아들여 생명을 얻게 될 것이지만 그의 사역을 거부하고 나의 일을 거부하면 더 이상은 어쩔 수 없게 될 것이니라."

하나님의 마지막 말씀이었습니다.

『너희는 내가 호렙에서 온 이스라엘을 위하여 내 종 모세에게 명한 법 곧 율례와 법도를 기억하라 보라 여호와의 크고 두려운 날이 이르기 전에 내가 선지 엘리야를 너희에게 보내리니 그가 아비의 마음을 자녀에게로 돌이키게 하고 자녀들의 마음을 그들의 아비에게로 돌이키게 하리라 돌이키지 아니하면 두렵건대 내가 와서 저주로 그 땅을 칠까 하노라 하시니라』(4:4-6)

모세를 통해 주신 율법을 기억하라고 하십니다.
다른 의미가 아니라 자신을 발견하라는 말이 아닐까 하는
생각입니다.
인간은 도무지 '율법으로는 안 된다'는 것 말입니다.
회개를 해도 죄는 또 반복되는 것이 인간이지요.
결심을 한다 해도 인간은 다시 무너진답니다.
그런 것이 인간임을 기억하라는 말인 것 같습니다.

사람들은 좋은 선생이나 선지자가 나타나길 바랍니다.
그들이 있으면 조금은 도움이 되기 때문이지요.
그런데 선지자이건 선생이건 실제로는

아무런 도움이 되지 못한답니다.

그래서 예수께서 오신 겁니다.

죄 문제를 없이 하시기 위해서.

우리의 구원은

죄를 없이 하신 하나님의 위대한 일을 받아들이느냐에

달려 있을 뿐입니다.

죄를 덜 짓는 것으로는 턱도 없습니다.

지은 죄에 대한 보상적 행위나 자기학대(고행)로도 어림없습니다.

오직 하나님의 사랑을 받아들이는 것뿐입니다.

그것을 알고 그것을 믿고 그것을 의지해서 사는 사람을

하나님의 자녀라고 하는 겁니다.

에필로그 _01

가족과 떨어져 있었던 때가 있었습니다.

오랜 기간 떨어져 있었던 것은 아니지만 결혼 초기에 떨어져 있었기에 아주 많이 보고 싶고 힘들었었던 기억이 납니다. 떨어져 있었던 이유는 제가 미국에 유학하기 위해 혼자 온 것 때문이었습니다. 약 4개월 정도 떨어져 있었지요. (겨우 4개월 떨어져 있었던 걸로 힘들다는 표현을 하는 것을 우습다고 하실 분도 있겠지만 신혼 때는 그런 겁니다.) 미국에도 한국 사람이 많았습니다. 교회도 한국 교회를 출석했습니다만 늘 머릿속에는 가족에 대한 그리움으로 가득 차 있었답니다.

어느 날 나이 어린 친구들이 미국 캘리포니아의 산타모니카 해변(Santa Monica Beach)을 데리고 갔습니다. 듣던대로 정말 아름다운 해변이었습니다. 바다 물도 얼마나 깨끗했는지요. 구름 한 점 없는 하늘에는 갈매기들이 춤을 추고 있었고 바다에는 배를 타는 사람, 수영하는 사람, 그리고 아이들과 연인들의 모습이 아름다웠답니다. 해변을 끼고 있는 자전거 전용 도로에서는 자전거 타는 사람은 물론 스케이트를 타는 사람도 많이 보였지요. 영화에서만 볼 수 있었던 해변에서 배구하는 모습도 눈에 들어왔답니다.

점심때가 되어 점심을 먹기 위해 해변에 있는 식당을 들어갔습니다. 식당도 아름다웠습니다. 사람들은 생기가 있었고 음식 냄새는 사람을 흥분시키기에 부족함이 없었습니다. 그런데 저를 놀라게 한 것은 다른 것이 아니라 식탁에 놓여 있는 네프킨(napkin)이었습니다. 정말 예뻤습니다. 아주 컸구요. 그렇게 예쁘고 아름답고 품위 있는 네프킨을 한국에 있을 때는 본적이 없었답니다. 아마 네프킨 값만해도 웬만한 손수건 값 정도 될 거라는 생각을 했을 정도였으니까요. 게다가 얼마나 두꺼웠는지 잘 찢어지지도 않는 겁니다.

종업원에게 한 장을 더 달라고 했습니다. 음식 먹을 때 필요해서가 아니라 한국에 있는 아내에게 보내고 싶어서 그랬답니다. (그 당시는 아내에게 편지를 쓰곤 했는데) 네프킨 위에다가 편지를 써서 아내에게 보내고 싶어서 그런 거였지요. 이렇게 예쁜 네프킨에 편지를 써서 보내면 아내가 분명 특별한 감동을 받을 것이라고 생각했기 때문이거든요!

예쁜 네프킨에다가 편지를 썼습니다. (네프킨 사이즈는 가로 세로 50cm는 족히 되었습니다.) 작지 않은 네프킨이었기에 하루에 쓸 수 있는 글이 아니었습니다. 글자도 아주 작게 썼답니다. 지금 컴퓨터의 폰트로 한다면 10 정도의 크기보다 작게 썼지요. 그러니 얼마나 힘든 작업을 했겠습니까? 글의 내용도 다양했습니다. 모두가 사랑한다는 말을 표현하는 내용이었지만 정말 다양한 사건을 다양하게 표현했답니다. 어느 때는 갈매기 이야기였고 어느 때는 모래를 걷는 이야기, 어느 때는 배를 타는 사람들의 이야기였습니다. 어떤 부분은 자전거 타는 이야기였고 어느 부분은 음식을 먹는 이야기였습니다. 잠자는 이야기, 공부하는 이야기, 영화 본 이야기, 운동한 이야기, 교회 간 이야기, 몸이 아픈 이야기, 약을 사먹은 이야기, 프리웨이(고속도로) 이야기, 장난감 집 이야기… 정말 다양한 이야기로 네프킨을 채웠답니다. 하루에 한 가지나 두 가지씩.

큰 네프킨에 작은 글씨, 그리고 다양한 내용들은 아내에게 감동을 주기에 충분했습니다. 그런데 거기서 그치질 않고 나는 또 다른 감동 작품을 만들었답니다. 글이 써있는 네프킨을 펼치면 한 눈에 아내의 이름과 사랑한다는 말이 드러나도록 글자에 색을 넣은 겁니다. 정말 대단한 공을 들었답니다!

네프킨에 쓰여진 편지는 아주 조심스럽게 포장되었답니다. 우체국에 가서도 결코 잃어버릴 수 없고 분실될 수 없는 우편을 사서 한국에 있는 아내에게 전달 되게 했답니다. 정말 분실되면 안 되는 거였거든요! 편지를 보내고서도 제대로 갔을까 하면서 얼마나 마음이 조렸는지 모릅니다. 아내가 그 편지를 받으면 얼마나 좋아하고 행복해 할까 하는 생각으로 가득 찼습니다. 우선은 평생 처음 보는 아름답고 예쁜 네프킨에 놀랄 것이 분명했습니다. 그 위에 깨알 같은 글씨를 보면서도 분명 놀랄 겁니다. 아니 네프킨을 펼치자마자 한 눈에 들어오는 색깔 글씨에 감동할 것이 분명했답니다. 나는 아내가 감동하는 모습을 보면서 행복해 하고 있었답니다.

아내는 네프킨에 쓴 특별한 편지를 펼칠 때부터 엄청 감동했습니다. 우체부에게서 편지를 받는 것도 사랑을 받은 겁니다. 편지 봉투에도 사랑이 묻어 있음을 느꼈지요. 편지 봉투를 조심스럽게 뜯어 글이 네프킨에 쓰여진 거라는 것에 남다른 사랑을 느꼈답니다. 네프킨을 만질 때는 나의 사랑을 만지는 거였습니다. 그걸 펼치는 순간 또 다른 감동을 했을 겁니다. 그 안에 색깔로 크게 적혀진 사랑한다는 말에도 감동을 했을 것이지요. 내용을 읽기도 전에 이미 사랑을 느끼고 사랑에 감동을 하고 있었답니다. 그런데 잊을 수 없고 잊혀지지도 않는 것은 작을 글씨들이었답니다. 아내는 그 큰 네프킨에 적힌 깨알 같은 글씨들을 하나도 빼놓지 않고 읽은 겁니다. 한번만 읽지 않았습니다. 대충 읽지도 않았습니다. 생각하고 또 생각하며 읽었답니다.

네프킨에 쓰여진 글은 문법적으로 맞지 않는 글이었습니다. 맞춤법도 많이 틀렸고 띄어쓰기도 엉망이었습니다. 앞의 내용과 뒤의 내용이 연결이 안 되는 것이 한두 군데가 아니었습니다. 논리도 없었습니다. 게다가 내용도 왜 그리 길었는지 모릅니다.

제 아내는 대학을 다닐 때 문학을 전공한 문학도였습니다. 글에 대해서는 까다로운 사람입니다. 그런데 그런 제 아내에게 제가 보낸 엉망의 문체는 하나도 중요하지도 않았고 흠이 되지 않았답니다. 마냥 좋은 겁니다. 그리고 맞지 않는 문법과 맞춤법, 엉망인 띄어쓰기, 연결 안 되는 논리성과 앞뒤 문맥이었습니다만 남의 글에는 그리도 까다로운 아내였지만 제가 보낸 졸작의 글에는 이런 것이 눈에 들어오질 않았습니다. 전혀, 아무런 문제가 되질 않는 겁니다. 아니 그런 것이 발견되면 의미가 있을 거라고 하면서 더 깊게 생각하더라는 겁니다. 사랑 때문이었습니다. 자기에게 글을 보낸 사람의 마음을 알고 있기 때문이었습니다.

성경, 하나님께서 당신의 형상대로 만들어 눈에 넣어도 아프지 않은 사랑의 대상인 사람에게 보낸 편지랍니다. 아주 긴 내용입니다. 작은 글씨입니다. 복잡하답니다. 어느 경우는 논리를 찾기가 힘듭니다. 앞뒤가 연결되지 않는 부분이 발견됩니다. 그런데 그 분이 보낸 성경의 내용은 하나랍니다. 사랑입니다. 한 가지 주제입니다. '내가 너를 사랑한다!' 는 거지요!

제가 아내에게 네프킨이라는 멋진 종이(?)에, 작은 글씨로, 색깔을 넣으면서, 가장 안전한 우편을 통해 편지를 보냈는데 제 아내가 전부 읽어 보았을까 하는 의심을 하지 않았습니다. 분명히 읽을 것이라고 믿었답니다. 아내는 나를 사랑하니까요.

하나님께서 천 년 하고도 수백 년 동안 수십 명의 사람들을 감동시키셔서 나를 향한 사랑의 글을 쓰시고 지금 나의 손에 전해지게 하신 편지, 그것을 내가 읽지 않을 것이라고 생각하지 않으시겠구나 하는 생각을 한 겁니다. 반드시 읽고 또 읽고 의미를 생각하고 감동하고 있을 거라고 생각하실 것이고 그걸 의심하지 않으실 거라는 생각이 든 겁니다. 내가 늘 말하는 것처럼 나는 하나님을 사랑한다고 말하는 사람이니까요!

내 아내가 나의 편지를 그리도 좋아하면서 읽고 또 읽는데 난 하나님의 편지인 성경을 왜 그리 읽지 않았는지 생각이 들었습니다. 나는 하나님을 사랑하고 하나님께서 나를 사랑하심을 믿는다고 하면서도 하나님이 보내신 사랑의 편지, 성경을 너무 소홀히 대하더라는 거였지요. 제 아내는 제가 보낸 네프킨 편지를 귀하게 여기고 시간 날 때 마다 펼쳐보고 그 안에 적힌 이야기를 평생을 하고 있는데, 아이들 앞에서도 자랑하고 있는데 나는 내가 사랑하는 하나님께서 보낸 글인 성경을 자랑하지도 않고 읽지도 않고 내용도 모르고 있더라는 겁니다.

하나님 앞에 설 날이 가까워 오고 있는데... 얼마 후에 그 분 앞에 섰을 때 하나님께서 "내가 보낸 사랑의 편지를 잘 읽어 보았니?"라고 묻는다면 뭐라고 대답할 것인지 망막한 겁니다. 열심히 일했다 하더라도, 크고 위대한 일을 했다 하더라도 그런 것으로 하나님의 마음에 기쁨 드리지 못할 것 같았습니다. 하나님 앞에서 "당신께서 보내신 편지, 너무 감동이었습니다."라고 할 때 편지 보내신 하나님의 마음 흐뭇하시지 않으실까 하는 생각이 드네요.

제 아내를 몇 달 만에 만났을 때 제가 보낸 편지가 고마웠다고 말하더라구요. 그리고는 이내 이런 내용, 저런 내용을 소상히 말할 땐 얼마나 행복하고 기뻤는지 모릅니다. 저를 기쁘게 하기 위해 돈 벌어 놓았다는 말도 중요하지 않습니다. 저를 위해 요리를 배웠다는 것도 고맙긴 하지만 우선이 아닙니다. 저를 위해... 저를 위해... 어떤 것도 중요하지 않습니다. 저를 기쁘게 하는 건, 제가 기대하는 건 제 마음을 알고 제가 그리도 정성들여 쓴 편지를 읽었느냐 듣고 싶은 거였답니다. 하나님께서도 그러시겠구나 하는 생각 들었답니다. 아니 분명 하나님도 그러실 겁니다.

성경을 읽었습니다. 빨간 줄 그으면서 읽었습니다. 파란 색연필로 네모를 치면서 읽었습니다. 노란 색으로, 초록색으로, 분홍색으로 이런 표시 저런 표시하면서 읽고 또 읽었습니다. 나만이 아는 색깔 표시랍니다. 아니 하나님과 나 둘만이 아는 표시입니다. 이해가 안 되는 부분도 무척 많았습니다. 그래도 그 속에 숨겨진 속사랑이 분명 있을 거라는 생각으로 읽었습니다. 앞뒤가 연결 되지 않는 어색한 부분도 있었습니다만 그 연결은 다른 곳에 분명 숨어 있을 거라는 확신으로 읽었답니다. 어느 경우는 속상한 글도 있었고 어느 경우는 감동스런 글도 있었습니다.

사랑에 감동해서 빨간 표시 한 겁니다. 지은 죄 용서 받은 은혜에 파랑색 표시했습니다. 지은 죄 생각하며 하나님 마음 아프게 한 걸 생각하며 노란색 표시 했습니다. 하나님 섬기는 일 발견하고 고동색 표시했답니다. 하나님 하시는 일 발견하고는 초록색 표시 했답니다. 천국 생각하고는 보라색 표시했구요.

여기저기 하나님 사랑 쓰여 있기에 자꾸만 읽고 또 읽는 거랍니다. 전에는 몰랐는데 하나님의 사랑이 묻어 있는 걸 알겠더라는 거지요. 아니 전에는 희미하게 알던 사랑이 이젠 확실해 지는 겁니다. 읽을수록 재미있네요. 지루하지도 않는 겁니다. 이해 못해 짜증난 것도 없습니다. 너무 길다고 속상한 적도 없습니다. 읽으면 좋은 겁니다. 읽으면 힘이 나는 겁니다. 읽다가 눈물이 나서 성경책에 떨어지면 성경책 상할까봐 얼른 닦고 또 읽었답니다. 하나님이 보낸 편지잖아요!

누군가가 사람은 사랑으로 산다고 했던가요? 사랑은 생명력이 있다는 말이겠죠. 그래서 사랑은 지친 사람을 일으켜 세워 주는 힘이 있고 사랑은 살 용기를 불어 넣어 주는 것이고 사랑은 살 이유를 주는 것이겠죠. 그 생명력 있는 사랑이 성경에 있는 겁니다. 전에는 사람에게 사랑 찾아 힘을 얻어 보려고 했었답니다. 그것도 중요하지만 오래 지속되지는 못했는데 성경을 읽으니 그 안에 하나님의 사랑이 기름처럼 흐르고 있는 겁니다. 오늘도 그 사랑으로 인생을 지탱하면서 살아간답니다.

그리도 오래 교회 다녔는데 성경을 잘 모르는 게 부끄러운 겁니다. 껍데기는 아주 괜찮은(?) 교인인데 속에는 성경이 없으니 속빈 강정이랍니다. 성경을 모르니 교회 다니는 재미(?)를 알 턱이 없는 겁니다. 그냥 종교생활 한 거였죠. 이제 발견한 겁니다. 은혜지요. 그래서 이젠 허울 좋은 교인이 아니라 겉모습은 초라해도 속에는 성경으로 가득 채우다가 주님 앞에 가서 보여 드리고 싶네요. 오늘도 그 마음으로 내게 보내 주신 사랑의 편지를 펼칩니다. 가슴이 뛰네요!

에필로그 _02

교회가 좋았습니다. 어려서부터 교회에서 자랐고 교회에서의 생활에 익숙했습니다. 게다가 할아버지도 부모님도 내가 목사가 되기를 원하신다는 말씀을 많이 하셨고, 나 역시 거부하지 않았습니다. 그렇게 목사가 된 사람입니다.

신학대학 생활… 만족스럽진 않았습니다만 그래도 목사가 되려면 거쳐야 하는 과정이기에 꾹 참고 견뎌냈습니다. 대학원도 다녀야 한다기에 그렇게도 했습니다. 한번은 목사가 하기 싫은 적도 있었습니다. 아니 어려서부터 목사가 안 된다면… 하면서 나름대로 하고 싶은 일을 생각해보기도 했었죠. 꼭 두 가지를 하고 싶었는데 그 중 하나는 정치였습니다. 정치가 뭔지 알아서 그랬던 것 같지는 않습니다. 어린 시절 선생님으로부터 들었던 훌륭한 인물들 중에는 항상 정치가들이 많았기 때문이었겠죠. 하여간 정치를 하고 싶다는 마음은 오래갔고 또 정치가로서 활동하는 제 모습을 그려보기도 했답니다. 하고 싶었던 또다른 일은 자동차를 정비하는 일이랍니다. 이상하지요? 정치와 자동차 정비는 어울리지 않는데 말입니다. 하여간 자동차 밑에 들어가 온몸에 기름때를 묻히며 일하는 모습이 멋있어 보였고 정밀하게 일하는 아저씨가 멋있어 보였답니다. 그런 나의 모습을 그려보기도 했답니다. 그런데 정치가 근처에 가보지도 못했고 자동차 정비사 옆에도 가보지 못했답니다. 그런 것과는 전혀 상관없는 목사가 되었답니다.

신학대학을 졸업했지만 전도사로 사역하지 못했습니다. 제법 오래되고 큰 교회에 출석하였는데 워낙 재주가 없으니 담임 목사님으로부터 전도사로 추천 받지 못했던 것 같습니다. 친구들은 학교 다닐 때부터 전도사로 열심히 일하면서 교회에서 사례금도 받았지만, 제게는 졸업한 후에도 그런 기회가 주어지지 않았답니다. 전도사로 사역하지 못하는 게 억울하진 않았습니다. 단지 걱정거리였을 뿐입니다. 여기엔 이유가 있었습니다.

저는 군목 후보생이었는데 군목으로 가려면 3년 간의 전도사 경력이 필요했습니다. 그런데 그 경력을 쌓을 교회가 없어서 속이 많이 상했답니다. 결국은 어떤 작은 개척 교회에 평신도라고 하면서 목사님을 속이고(?) 다녔습니다. '몇 년 다니고 난 후에 나의 불쌍한(?) 처지를 말씀드리면 목사님도 이해해 주시지 않을까?' 하는 기대로 그런 짓을 했습니다. 그러나 결국 그 교회에서 오래 있질 못했습니다. 2년 있었나 봅니다. 그러고는 교인이 대여섯 가정 정도밖에 안 되는 더 작은 교회로 갔습니다. 그 교회에서는 목사님께 솔직히 말씀드렸습니다. 그랬더니 흔쾌히 도와주시겠다고 하더라구요. 무척 고마웠답니다. 군목으로 갈 수 있는 길이 열렸기 때문입니다. 그렇게 비참한(?) 시간들을 보냈답니다. 신학교 졸업 후 3년을.

군목으로 가는 일은 조금 찜찜했습니다. 첫째는 자신감이 없었고, 둘째는 아직도 사명감이 없었기 때문이었습니다. 친구들은 사명, 사명하면서 의지가 대단한데 난 그렇지가 않았습니다. 솔직히 군목으로 가면 사병으로 가는 것보다 훨씬 편하기 때문에 좋아하고 있었을 뿐입니다. 그러나 편한 건 편한 건데 뭘 해야 하는지 자신이 없었습니다. 그래서 일 년 먼저 군목으로 간 친구를 찾아갔답니다. 그리고는 물었습니다. 어떻게 주일 설교, 수요예배 설교, 심방 설교, 새벽 기도 설교를 다 하느냐고? 그 친구 대답은 걸작이었습니다. 성령님이 능력을 주시면 다 하게 된다고… 난 목사 안수 받으면 정말 그렇게 되는 줄 믿었답니다. 바보같이…

훈련을 받고 군목으로 갔습니다. 중부 전선이었습니다. 중위 계급장 달고 목사랍시고 일을 시작한 겁니다. 괜찮더라구요. 일단은 매달 월급 받는 게 아주 좋았습니다. 그때까지 내 힘으로 돈을 벌어 본 적이 없었습니다. 게다가 군대 교회인데도 군대 월급 말고도 목회 사례비라고 해서 돈을 주었습니다. 참 좋았습니다. 어떤 교회는 군 선교비라고 해서 돈을 보내기도 했습니다. 사실 군대 월급만으로도 괜찮았는데 이래저래 목사랍시고 돈을 주니 고맙기도 하고 미안하기도 하고… 물론 좋은 일에도 많이 썼지요.

교회도 아담해서 좋았구요, 내 개인 사무실이 있다는 것도 좋았답니다. 어느 큰 교회 목사님이 부럽지 않았습니다. 나보다 계급이 높은 사람들도 저를 성직자라 해서 잘 대해 주는 것 또한 특권이었답니다. 그런 것 때문에 '평생을 군목으로 지낼까?' 하는 생각도 여러 번 해보았답니다. 사명 때문이 아니라 편리함 때문에…

설교는 정말 부담스러웠습니다. 설교만 없으면 군목이라는 것 괜찮은 건데… 친구가 목사 안수 받고 군목으로 오면 성령님께서 능력을 주셔서 설교도 뭐도 다 잘하게 된다고 했는데 (정말 그렇게 믿었었답니다) 난 그게 아니었습니다. 두 번째 설교까지는 잘한 것 같았습니다. 그런데 세 번째부터는 할 말이 없었답니다. 그렇게 두꺼운 성경책인데도 제겐 본문 찾는 것도 어렵고 본문을 찾아도 내용을 만들기도 무척이나 어려웠습니다. 제목을 정하는 것조차도 노동이었습니다. 일주일 내내 '어떤 본문을? 어떤 내용을? 어떤 제목을?...' 이런 것들이 큰 고민거리였고 이는 점점 공포의 작업으로 느껴졌습니다. 친구가 말한 성령님이 도와주신다는 건 적어도 나에겐 새빨간 거짓말이었답니다.

그래도 어김없이 찾아오는 게 주일이었습니다. 미칠 것 같았답니다. 그래서 훌륭한 그리고 유명한 목사님들이 펴낸 설교집을 뒤지기 시작했습니다. 신학교 다닐 때 종종 친구들과 나누던 말이 있었습니다. '설교 표절' 이라는 말... 그리고 남의 설교를 표절하는 목사들은 나쁜 놈들이라고 했었답니다. 그런데 이젠 표절, 아니 그대로 베끼지 않으면 죽을 것 같았답니다. 그래서 설교를 베끼기 시작했습니다. 양심은 괴로웠지만 성도들에겐 오히려 잘 된 일이라 생각했답니다. 성도들도 제 (베낀 남의) 설교에 은혜를 받기도 했답니다. 나 역시 내가 작성한 설교인 것처럼 폼을 잡고 설교했구요.

그런데 매 주일 남의 설교를 베끼는 것도 보통 문제가 아니었습니다. 보통 30분가량의 설교 원고를 베끼려니깐 적어도 2~3시간은 족히 걸리는 것은 물론이고 얼마나 힘들고 귀찮았는지... 그래서 아주 쉬운 방법을 찾아냈습니다. 설교집의 한 편을 복사하는 방법이었습니다. 시간도 절약되고 에너지도 절약되서 그렇게 했답니다. 그래서 내 설교(?)는 내용이 그런대로 괜찮다는 소릴 들었답니다.

그런데 한번은 큰 실수를 했습니다. 복사를 잘했어야 하는데 종이를 아낀답시고 앞뒤로 복사하다가 그만 한 페이지를 빼먹고 복사를 한 거지요. 그나마 복사한 걸 한번만이라도 읽고 강단에 올라갔으면 되는데 읽지도 않고 올라간 게 탈이었습니다. 그러니 잘 읽어내려가다가 빠진 부분에 가서는 매우 당황했답니다. 소위 말하는 개망신이라고나 할까요. 설교, 무척이나 어렵더라구요. 이렇게 평생 동안 설교할 생각하니 끔찍했습니다.

그러던 가운데 전방 부대 2년의 근무를 마치고 군 병원으로 옮기게 되었습니다. 병원에서는 별로 할 일이 없었습니다. 일단 병원이 아주 작은 았고 환자들도 많지 않았습니다. 군의관들, 간호사들 또한 그리 바쁘지 않은 병원이었죠. 정말 심심한 근무지였답니다. 그곳의 믿음 좋은 군의관들과 간호사들은 목사가 왔으니 일주일에 한번씩 성경을 공부하자고 했습니다. 자신들도 무료한 시간들을 말씀 배우는 시간으로 채우고 싶다는 겁니다. 나 자신도 뭔가를 해야겠기에 그렇게 하겠다고 대답했습니다.

문제는 무슨 공부를 하느냐는 거였습니다. 사실 나는 목사가 되면 써먹기 위해 이렇다할 성경 공부 과정은 대부분 이수해 놓았었답니다. 소위 말하는 벧엘 공부, 크로스 웨이 공부, CCC 공부, 젠센 공부... 그런데 막상 사람들을 가르치려니 두려웠지요. 준비는 했지만 경험이 없었기 때문이었습니다. 과정을 이수하긴 했는데 내 속에 생명력이 있는 게 아니었거든요. 그야말로 목사라는 직업에 충실하려면 이 정도는 해 놔야겠다는 필요에 의해서 열심히 했을 뿐이었습니다. 하여간 그리 많은 교재가 있는데도 자신이 없었고 문제는 군의관들과 간호사들이 교재가 아닌 성경책으로만 공부를 하자는 거였습니다. 그것도 구약을 말입니다. 구약 중에서도 역사서를.

군병원에서의 성경 공부는 사무엘부터 시작되었습니다. 한나가 기도해서 사무엘을 낳은 이야기부터 시작했습니다. 저는 어려서부터 교회 속에서 자랐기 때문에 성경을 많이 알고 있다고 생각했었습니다. 대부분 교회학교 선생님들에게 들은 이야기였고 집에서 들은 이야기였던 거지요. 그런데 막상 사무엘상을 읽어 가는데 왜 그렇게도 모르는 부분들이 많던지... 대부분을 모르겠더라구요. 아주 적은 부분만을 알면서, 그것도 대충... 성경을 잘 안다는 착각 속에 있었던 나였음을 발견했습니다. 하여간 문제에 부딪친 겁니다. 그 머리 좋은 의사들과 간호사들에게 성경을 가르쳐야 하는데 내 자신이 아는 게 없는 겁니다. 너무 두려웠습니다. 가르치다가 개망신 당할까 봐.

설교도 어려웠지만 (계속 베껴야 했으니까요) 성경을 가르치는 건 더 두려웠답니다. 그래서 내 마음은 엄청난 죄책감과 목회에 대한 공포, 해야 하나 말아야 하나 하는 갈등들이... 쏟아져 내리기 시작한 겁니다. 그러다가 기도를 시작했습니다. 하나님께 물어보고 도움을 구하기로 작정한 겁니다. 남들은 주님의 음성을 듣고 목사가 되었다고 하는데 나에겐 그런 것도 없고 어떤 이는 특별한 사명이 있다고 하면서 용감히 사역을 하는데 나는 사명이란 게 뭔지도 모르고 있고 (물론 남에게 말할 때는 복음을 위한 불타는 사명이 있다고 했습니다만...) 그저 목사가 된 게 어려서부터 되고 싶어서 된 것이고 학교 다닐 때 갈등은 있었지만 군목이라는 편리함 때문에 갈등의 양심을 버리고 목사가 되었을 뿐이었습니다. 그런데 이젠 그게 아닌 겁니다.

성경을 모르고 목회를 한다면 그야말로 사기꾼이라는 생각이 든 겁니다. 평생 남의 설교나 베끼고 남이 만들어 놓은 책으로 성경 공부를 가르치면서 그걸 내 것인 양 큰 소리를 칠 생각을 하니 자신이 얼마나 한심스러웠던지요. 정말 한심한 존재였답니다.

"하나님… 성경이 송이 꿀보다 달다고 하셨죠? 나에겐 송이 꿀이 아니라 정말 재미없는 책입니다. 억지로 읽을 뿐입니다. 무슨 말인지 정말 모르겠습니다. 어떤 사람은 성경을 보면 하나님의 음성을 듣는다고 하는데 난 성경을 보면 졸음만 옵니다. 성경이 당신의 말씀이라고 하셨잖습니까? 나에게도 성경이 재미있음을 알려 주십시오. 그래야 설교를 하든 성경 공부를 하든 목회를 하든 할 게 아닙니까? 제가 2년 간 열심히 읽을 테니 알아서 하십시오." 그런 기도였답니다. 성경을 열심히 읽어도 여전히 무슨 말인지 모르겠고 재미가 없다면 군목을 제대한 후에 목회를 관둘 생각이었습니다.

특별하게 할 일 없는 군 병원의 목회 생활이었기에 성경 보는 일에 목숨을 걸기로 마음먹었습니다. 아침 출근 시간은 8시, 퇴근 시간은 5시, 적어도 하루 6~8시간씩 성경을 파기 시작했습니다. 많은 분량을 읽지 않았습니다. 이해가 되지 않는 부분은 그냥 넘기지 않고 판 겁니다. 이해되지 않으면 주석을 많이 참고했습니다.

정말 많은 도움이 되더군요. 신학교 다닐 땐 숙제하기 위해서만 보던 책들인데… 정말 열심히 성경을 읽었습니다. 지금까지 알고 있던 이야기들이라 하더라도 정말 그런가 하면서 진지하게 확인하면서 읽었답니다. 성경이 졸지에 여러 가지 색깔로 줄도 그어지고 네모도 만들어 지고 혹은 읽다가 깨달은 것을 잊지 않기 위해 옆에다 적어 놓다 보니 지저분해지고 있는 거였습니다. 그렇게 몇 달이 지나는 동안 성경이 재미있어지는 겁니다. 은혜가 되기 이전에 재미있었습니다. 성경을 정말 재미있게 읽고 재미있게 연구하기 시작한 겁니다.

그렇게 2년을 지내는 동안 성경은 어느새 나의 손에서 뗄 수 없는 책이 되고 말았답니다. 아니 내 몸의 한 부분이 되어 있었답니다. 그리고 그 말씀은 제게 생명이 되었던 겁니다. 성경이 하나님의 말씀임이 몸속에서 느껴지고 있었답니다. 언제부터인지는 모르겠습니다만 성경을 읽으면 "그렇습니다!"하는 소리를 연거퍼 내뿜었답니다. 성경을 읽다가 손바닥과 무릎을 치기도 하구요, 너무 기가 막힌 것(내가 모르던 것이겠죠...)을 발견하면 숨이 막혀 더 이상 읽을 수가 없어서 서성거리는 경우가 한두 번이 아니었답니다. 많이 울었습니다. 너무 좋아서 말입니다. 하나님의 은혜가 주렁주렁 발견될 때마다 감동 그 자체였습니다. 시편 기자가 그랬나요? 주의 말씀은 송이 꿀 보다 달다구요? 정말이었습니다.

읽고 깨달은 말씀을 그대로 전해보았습니다. 설교 때든 성경 공부할 때든... 다른 교재가 필요 없었답니다. 성경만을 읽는데도 나는 물론이고 모두들 좋아하는 겁니다. 그래서 신났지요. 성경을 읽어 가면서 그 주인공은 바로 "나"였답니다. 내가 하나님의 지음 받은 사람이고, 내가 타락한 사람이고, 내가 죄로 범벅된 사람이고, 내가 고멜이고, 내가 요나이고... 또한 내가 아브라함이고, 내가 모세이고, 내가 노아이고, 내가 다윗이더라는 거였죠. 내가 밧세바이고, 내가 아모스이고... 내가 느부갓네살이고, 내가 다니엘이고... 내가 베드로이고... 내가 주인공이었습니다. 내가 잘못된 주인공일 때 지켜보고 계시고 기다리시고 찾아와 주시는 주님을 만날 수 있었구요, 내가 잘하는 주인공일 때는 매우 기뻐하시고 좋아하시는 주님을 알 수 있었답니다. 주님의 진하게 흐르는 사랑과 은혜… 그게 성경이었답니다.

세상의 무수한 책들… 기독교 서적이라는 거 말입니다. 전에는 그걸 많이 읽으면 괜찮은 사람처럼 보였었습니다. 기독교 서적을 많이 인용하면 공부를 많이 한 목사처럼 보였었답니다. 서점에 최근 발표된 책이 어떤 것인지를 누구보다도 빨리 알아서 말하는 것이 앞서가는 사람인줄 알았답니다. 그래서 그걸 흉내내기 위해 얼마나 많은 거짓 행위를 했었는지요… 하지만 이젠 해방되었답니다. 많은 책을 읽는 것도 중요하지만 성경 속에서 풍요함을 누리지 못하면 그야말로 모래 위에 집을 짓는 장난에 불과하다는 것을… 성경 속에서의 행복을 모르고 수많은 책을 뒤지는 일만큼 자신을 피곤하게 하는 일이 없을 거라는 것을…

다른 책… 좀 몰라도 되더라구요. 그러나 성경 속에서 춤추지 않으면 말씀을 전하고 나서도 허탈하더라구요. 그런데 성경을 이야기하면 서투른 설교라도 하나님께 감사가 되더라는 겁니다. 기가 막히게 좋은 문구들을 찾는 일도 하지 않기로 했습니다. 알지도 못하는 사람의 이름을 들먹거리면서 마치 많이 공부한 사람처럼 보이는 위선은 떨지 않기로 했습니다. 깊은 생각을 남보다 많이 하는 것처럼 보이는 어려운 표현도 사용하지 않기로 했습니다. 그냥 성경 말씀을 이야기하기로 했습니다.

성경 속의 이야기만 하더라도, 아니 성경만을 이야기할 때 성령의 역사가 가장 확실하게 나타남을 알았기 때문입니다. 성경은 성령께서 쓰신 글이기 때문입니다. 하나님에게는 천년이 하루 같다고 하셨나요? 그래서 표현하고 싶은 말이 있습니다. 성경은 아직 잉크도 마르지 않은 하나님이 보낸 연애편지라고.

군대를 제대하자마자 미국으로 건너왔습니다. 아무런 이유도 없이 미국에 오게 된 겁니다. 몇 달만 미국을 구경하려는 생각이었습니다. 그런데 어쩌다가 십수 년이 지나고 말았습니다. 십수 년... 학교에서 공부하면서도 성경에 대한 재미 때문에 성경만 보게 되더라구요. 사역을 하면서도 성경만 보게 되더라는 겁니다. 그리고 읽은 성경... 늘 그랬던 것처럼 신앙의 형제들과 나누었답니다. 그런데 성경만을 이해하기 위해 주의 깊게 보는데 많은 은혜를 경험하는 게 아니겠어요!

벌써 성경을 통해 주님의 마음을 헤아린 지도 오래되었네요. 지금도 계속하고 있답니다. 물론 주님 부르실 때까지 이 은혜를 계속 유지하려고 합니다. 새벽 기도가 끝나면 잉크도 마르지 않은... 주님의 숨소리가 느껴지는 성경을 펴고 세 시간, 어느 경우는 네 시간, 옮겨 보고 또 옮겨 보다가 이렇게 책이 되었답니다.

그 제목... 이야기 성경? 성경 이야기? 아무래도 매끄럽지 않기에 남침례교신학교(The Southern Baptist Theological Seminary)에서 논문을 쓴 제목이 좋아 보여 그대로 하기로 했답니다. 비블리컬 스토리텔링(The Biblical Storytelling)이라고...

에필로그 _03

목사가 되면 책을 많이 읽고 책을 좋아해야만 하는 줄 알았습니다. 어려서부터 목사는 책을 가까이에 두어야 한다는 선입관을 가지고 있었기 때문에 나도 목사가 되면 그렇게 될 거라고 믿고 있었답니다. 목사님의 집이나 사무실에 가면 여러 권의 책과 책이 한가득 꽂힌 책장을 배경으로 한 목사님의 사진도 볼 수 있었습니다. 그래서 목사님들은 책을 많이 읽는 분들이라는 생각을 자연스럽게 했답니다. 앞으로 나도 목사가 되면 많은 시간을 책과 함께 할 거라고 생각했습니다. 목사님의 집에 진열된 책들은 아주 멋있어 보였습니다. 단행본도 많았지만 특별히 눈에 띄었던 것은 만만치 않은 두께로 같은 디자인에 제목이 다른 여러 질의 전집들이었습니다. 목회를 할 때 꼭 필요한 전집들이라고 생각했답니다. 그래서 나도 목사가 되면 목회에 절대적으로 필요한 전집을 책장 가득히 채우겠다고 생각했습니다.

괜찮은 목사가 되기 위해서 신학교 때부터 기독교 서점에 드나드는 것을 아주 중요한 일 중 하나로 여겼답니다. 나름대로 열심히 책을 사서 날랐습니다. 돈이 있어서 샀던 것도 꼭 읽으려고 샀던 것도 아닙니다. 혹

날 내 사무실과 서재에 꽂아둘 책을 준비하는 거였습니다. 책을 사면서 미래를 그려 보기도 했답니다. 사무실의 사방은 책으로 꽉 채워진 책장이 둘러져 있고 한 켠에 놓여진 나무 책상과 사장님이 앉는 편안한 의자에 앉아 있는 제 모습을 상상하면서 말입니다. (책이 없는 사무실과 목사는 상상해 본 적이 없는 것같습니다.) 어느 경우에는 읽지도 못하는 영어로 된 책도 샀습니다. 소위 원서라고 하는 것들입니다. 영어나 독일어로 된 책을 읽은 수준 높은 목사로 보이고 싶어서였습니다. 열심히 사서 모은 책들이 작은 제 방의 책장에 한 권 한 권 채워져 가는 걸 보면 뿌듯하고 자랑스럽기까지 했습니다. 그렇게 해보지 않은 사람은 그 맛을 모를 겁니다. 책이 늘어나는 만큼 내 지적 수준도 높아진다고 생각하여 그것을 증명이나 하려는 듯 책을 열심히 구입했던 겁니다. 책의 노예가 되어 부지런히 살았던 것 같습니다.

신학대학 다닐 때는 대부분의 친구들이 그랬던 것처럼 돈이 정말 없었던 때입니다. 그런데도 책을 사고자 하는 욕심은 왜 그리 많았는지 모릅니다. 교수님들이 가끔 강의하시다가 밥을 굶어가며 책을 사서 보았다는 얘기를 들으면 왠지 멋있어 보였습니다. 그래서 교수님을 흉내 내며 책을 사기 위해 끼니를 거른 적이 한두 번이 아니었답니다. 그 경험 덕분에 얼마 전까지만 해도 사람들과 이야기할 때 나도 젊었을 때는 책을 사기 위해 굶은 적이 있다고 말하면서 묘한 자부심을 느끼곤 했답니다.

제 사무실은 작습니다. 방이 작기에 몇 권 안 되는 책이지만 제 방은 책으로 꽉 채워져 있답니다. 다른 목사님들보다 상대적으로 적다는 걸 알지만 그래도 제 수준에는 처분하기 곤란할 정도로 많은 책이 꽂혀 있습니다. 그런데 지금은 책이 많아서 행복하기보다는 꽂혀진 책들이 날 비웃고 있다는 생각이 들 때가 있답니다. 여러 권이 꽂혀 있지만 읽은 것은 별로 없거든요. 다 폼으로 꽂혀 있는 것입니다. 그렇다고 완전히 폼만은 아닙니다. 읽긴 읽었습니다마는 어떤 건 서문, 어떤 건 제목, 어떤 건 대충대충 한 10분 안에 읽은 책도 있고, 전혀 읽지 않은 책들도 수두룩하답니다. 정말 신중하게 읽은 책은 거의 없답니다. 전집은 정말이지 폼, 그 자체뿐이었습니다. 그래서 책장에 꽂혀 있는 책들이 부담스럽기까지 했습니다.

가끔 제 방을 방문한 학생들, 청년들 혹은 성도들은 전에 내가 느꼈던 것처럼 '목사님이니까 당연히 책이 많구나' 라고 생각하는 눈치입니다. 그러면서 할 말이 없을 때 혹은 기분이 좋으라고 '목사님은 책이 많으십니다' 라고 말한답니다. 저는 책을 많이 읽은 목사로 인정한다는 말을 듣는 것 같답니다(착각이겠지만). 그런 말을 들을 때면 전에는 우쭐했는데 언제부터인가 부담스러웠습니다. 사실 읽은 책이 아니라 폼으로 꽂혀 있는 책이 대부분이기 때문입니다. 성도들이 생각하는 것처럼 책을 많이 읽은 목사가 결코 아니라는 생각에 괴로웠거든요. 어떤 성도는 존경하는 마음(?)으로 이렇게 말한답니다.

"목사님, 책이 무척 많네요. 책이 이렇게 많은 것을 보니 목사님은 공부를 많이 하시는가 봐요. 목사님들은 책을 많이 읽으신다고 하더라구요." 거기까지만 하면 되는데 정말 대답하기 곤란한 질문을 한답니다. "목사님, 이 많은 책들을 다 읽으셨어요?" 미칠 것 같은 질문입니다. 뭐라고 대답해야 좋을지 모르기 때문입니다.

솔직하게 대답하자니 창피하고, 읽었다고 하자니 목사라는 놈이 별거 아닌 일로 거짓말한다는 양심의 가책 때문에 괴로운 겁니다. 또한 책을 많이 읽은 괜찮은 목사로 생각하고 있는 성도를 실망시키고 싶지 않다는 생각도 들기 때문입니다. 사실 그렇게 생각해 주기를 은근히 바라는 마음도 있구요, 그래서 엉거주춤 대답하곤 했답니다. 필요한 건 읽고 읽지 않은 책들도 있다고. 성도는 그렇게 말하는 목사를 겸손하다고 여겨 안 읽은 책도 있다는 말을 대부분은 읽었고 몇 권은 읽지 않았을 거라고 생각하고 점수를 후하게 주었겠지요. 그런 면으로는 성도들에게 무척이나 고맙답니다.

목사님들의 사례비 항목을 보면 반드시 도서비가 있습니다. 아주 중요한 항목입니다. 어느 교회나 꼭 있습니다. (제 개인적 경험으로는 이 도서비 항목이 없는 교회는 본 적이 없습니다.) 교회에서 그런 돈을 책정한 것은 책을 많이 읽고 목회와 설교를 잘 하라는 뜻인 줄 압니다. 교회도 목사는 책을 많이 읽어야 하고, 책을 많이 읽는 사람으로 인정해 주기 때문에 세운 항목이겠죠. 참으로 고마운 항목이랍니다. 저도 받고 있는데 이 항목의 돈이 얼마나 부담스러운지 모릅니다. 왜냐하면 교회에서 정해 놓은 도서비 만큼 책을 사 본 적이 한 번도 없기 때문입니다. 적어도 제게는 말입니다. (혹 이 고백을 읽으시면서 다른 목사님도 그렇다고 생각하시면 오해입니다. 이 글은 제 경우에만 해당하는 겁니다.)

양심에 거리낌이 있어서 교회에서 주는 도서비 항목의 액수만큼 책을 사려고 살만한 책들을 찾아본 적도 여러 번 있었습니다만, 저는 교회에서 주는 도서비 만큼의 책을 산 적이 없답니다. 아니 사고 싶지 않아서가 아니라 사고 싶은 책을 고를 수 없었기 때문이랍니다. 얼마나 많은 도서비를 주었기에 그러냐구요? 얼마 되지는 않는답니다. 서점에서 책을 사긴 합니다만 사실 오래 전부터 한 달에 두 권 정도 사는 게 저의 현실입니다.

서점은 몇 번씩 가지만 꼭 사고 싶은 책을 찾는 것도 어렵고, 게으른 건지 어렵게 골라 아까운 돈 주고 산 책이라 하더라도 제대로 읽는 것도 쉽지 않고...

어떤 목사님이 책을 읽지 않는 목사는 게으르고 목사 자격이 없다고 질책하는데 찔렸습니다. 제가 그런 사람이거든요. 목사는 적어도 하루에 한 권의 책은 읽어야 한답니다. 나는 일 년에 두 권 정독하는 것 같지도 않은데 말입니다. 그 목사님은 책을 많이 읽으시는 분이라고 소문이 난 분입니다. 책을 많이 읽는 목사님에게 어떻게 읽느냐고 물었더니 보통 책을 10분이면 한 권 읽는답니다. 난 미칠 것 같았습니다. 저는 일주일을 읽어도 뭔 뜻인지 몰라 속이 상한 적이 한두 번이 아닌데 책 한 권을 10분만에 읽는답니다. 하기야 저도 그렇게 10분에 한 권 읽을 때가 있긴 있었습니다. 혹시 써 먹을만한 게 걸리지 않을까 해서 위 아래로 훑어가며 넘긴 거지요. 그렇게 본 책들은 허다합니다. 아마 500권은 족히 될 겁니다. 그런데 정말 내 속에 양식이 될 만하게 읽은 책은 소수에 불과하답니다.

일주일 동안만 해도 엄청난 책들이 쏟아져 나옵니다. 기독교 서적만을 봐도 그렇습니다. 목사님들의 소원 가운데 책 한 권 내는 것이 포함되어 있잖아요. 그래서 책을 내는 분들이 무척이나 많답니다. 그런데 슬픈 것은 신간 서적 코너에 올라와 보지도 못하고 보이지 않는 구석에서 폐지로 버려지길 기다리는 책들이 무수하다는 거지요. 저도 책을 썼고 또 쓰고 있지만, 제 책 역시 신간 코너에 올라가 보지도 못하고 없어지는 것이 아닌지...(슬픕니다!) 그렇게 많은 책이 출판되고 있지만 막상 사려고 하면 꼭 읽고 싶은 것을 찾기가 쉽지 않다는 겁니다.

설교하거나 성경을 가르칠 때도 반드시 책을 인용해야 하는 줄 알았던 때가 있었습니다. 긴 설교 중에 한두 번은 어떤 나라, 어떤 사상가, 철학자 혹은 정치가나 성공한 사람의 이름과 그들이 쓴 책의 제목을 말하면서 이런 말을 했다고 해야 하는 줄 알았던 겁니다. (요즘 설교할 때 한두 번은 웃겨야 괜찮은 설교자라는 소리를 듣는 것처럼 말입니다.) 어느 경우는 읽지도 못하고 읽어 본 적도 없는 주간 시사지 타임(The Time)지나 뉴스위크(Newsweek) 혹은 리더스 다이제스트 등의 날짜까지 들먹이면서 설교해야 공부 좀 한 목사라고 느낄 때가 있었던 거지요. 지금 떠올려 보니 얼마나 부질없는 생각을 하면서 살았는지 모릅니다.

왜 그렇게 책에 대한 미련을 가지고 살았나 생각해 보았습니다. 정말 무엇 때문에 나는 많은 책을 소유하고 싶었고, 독서를 많이 하는 목사로 보이고 싶었는가 정직하게 생각해 보았답니다. 대답은 어렵지도 복잡하지도 않고 아주 단순했습니다. 열등감 때문이었지요. 제 가장 밑바닥은 열등감으로 가득한 겁니다. 그래서 쌓여 있는 책들로 하여금 저를 사람들에게 공부하는 목사, 실력 있는 목사로 세뇌 시키면서 은연 중에 무시하지 말라는 메시지를 전한 겁니다. 내 속에 있는 열등감이 나를 속이면서 책과의 관계를 이상하게 만들었답니다.

또 하나는 (하나님께 무척이나 죄송합니다만) 내 속 깊은 곳에서 성경을 우습게 여기고 있었다는 고백입니다. 성경이 하나님의 말씀이라고 말하면서도 정작 설교하는 나는 성경을 우습게 여겼던 거지요. 성경 가운데 구원의 도리, 삶의 지혜와 지침이 완벽하게 있다고 외치면서도, 성경은 성령의 감동으로 쓰여진 책이기에 심장과 폐부를 찔러 쪼개는 능력이 있다고 말하면서도 나는 성경보다 더 영향력 있을 것 같은 유명한 사람이 쓴 책을 뒤지고 있었던 겁니다. 성경을 역사와 인생에 있어서 가장 훌륭한 책, 능력 있는 책이라고 하면서도 내 속 사람은 믿지 않았던 겁니다. 그래서 유명한 사람을 찾았고 그 유명한 사람의 책을 뒤졌고 알지도 못하는 사람의 멋진 글을 강단에서 인용하는 걸 자랑스럽게 생각했던 겁니다. 성경이 답이라고 말은 했지만 정작 나는 삶의 답을 엉뚱한 책에서 찾고 있었던 겁니다. 내가 하는 일 목회에 관한 것도 유명한(?) 사람이 쓴 책에 있는 줄 알고 책을 의지했던 거지요. 한 마디로 성경을 무시했던 겁니다.

책으로부터 많은 걸 배우기 때문에 독서는 귀한 일입니다. 그러나 책이 전부가 아닙니다. 책은 진리도 아닙니다. 책과의 관계 속에서 초라한 나의 모습을 본 후에 책을 많이 읽은 목사가 괜찮은 목사라는 이상한 관계(?)가 이제 깨졌답니다. 다독(多讀)이 바람직하지만 필수는 아니라는 걸 배웠답니다. 또한 그것으로 목사의 수준이 평가될 거라는 생각은 정말 크게 잘못된 것임을 깨달았습니다. 목사는 반드시 책과 가까운 사람이라는 인식을 지워버리려고 합니다. 난 정말 책을 읽지 않는 사람이거든요. 아니 읽어도 저자가 하는 말을 잘 모를 때가 많습니다. 다시 말하면 책을 읽지 않는 게 아니라 읽을 줄 모르는 사람이라는 걸 발견한 겁니다.

저는 파스칼을 모릅니다. 그가 쓴 「팡세」(번역본)라는 너무 두꺼워서 읽기도 전에 질려 서문을 읽다가 무슨 말인지 몰라 내팽개쳤답니다. 톨스토이의 작품은 기독교를 이해하는 데 절대적으로 필요한 문학이고 철학이라고 하더라구요. 그래서 유명하다는 그의 「부활」이라는 작품을 읽기 시작했는데 도무지 무슨 말인지 이해하지 못해 읽기를 중단했답니다. 하이데거라는 철학자, 키엘케고르, 헤겔, 니이체 등. '니이체' 라는 말이 나왔으니 웃긴 일이 생각납니다. 니이체는 「짜라투스트라는 이렇게 말했다」라고 하는 책에서 "신은 죽었다"고 했답니다. 설교 시간에 목사님들의 설교를 통해서 종종 들은 글귀였습니다. 그래서 저도 가끔 (오래 전입니다만) 그 말을 인용하면서 유신론을 무너뜨리려는 사람들을 공격했고 또 그런 말을 한 니이체를 무척이나 나쁜 사람으로 말하곤 했었답니다. 물론 그 책을 다 읽은 수준 높은 사람처럼 말입니다.

사실은 그 책이 어떻게 생겼나 해서 서점에 들러 구경한 적 밖에는 없습니다. 정말 두껍더라구요. 그 책을 본 순간 이런 두꺼운 책을 읽은 사람이 몇이나 될까 생각했답니다. 하여간 니이체가 신이 죽었다고 하는 말을 왜 했을까 해서 물어보기도 하고 책을 뒤져 보았지만 아는 사람도 없고 책 속에서도 찾지 못했답니다. 결국은 한참 후에 누군가가 알려 주더군요. 책 속에 짜라투스트라가 누군가와 이야기하다가 신경질이 난 김에 그런 말을 내뱉은 거였다고... 그러나 전해준 사람의 말이 사실인지도 아직 확인되지 않았답니다.

리더십, 성공의 비결, 인생에 관한 것, 시집(詩集), 부부관계, 경영학, 건강에 관한 것, 소설, 철학 이야기... 별별 주제의 많은 책이 시중에 나와 있답니다. 다양하게 많이 읽어야겠다는 생각을 포기하니 마음이 왜 이리 편한지 모르겠습니다. 책 많이 읽지 않으렵니다. 물 흐르는 대로 읽게 되면 읽겠습니다만, 안 읽으면 뒤쳐진다는 말로 사람을 주눅들게 하는 말에는 신경을 곤두세우지 않기로 했습니다. 많이 읽어도 기억에 남는 게 없구요, 사실 무슨 말인지도 모른답니다. 아는 척하고 싶은 교만한 마음만 꿈틀거린답니다. 남들은 인생에 도움이 된다고 하는데 제겐 그런 것 같지도 않구요...

성경도 제대로 모르면서 책을 동서남북으로 둘러 채워둔다는 게 우습잖아요. 성경도 제대로 알지도 못하면서 이해하지도 못하는 글귀와 사람이름을 대면서 지식인인 체 하는 게 우습잖아요. 그래서 성경이라도 제대로 보기로 결심한 겁니다. 목사가 성경을 모르니 일반 성도들은 더 모를 수 있다는 생각이 들었습니다. 그래서 한 평생 성경을 깊게 공부해 보기로 했답니다. 읽다가 정 모르겠으면 주석을 뒤져서라도 이해하려고 했습니다. 주석은 성경을 이해하는 데 큰 도움이 되었습니다. 그 과정 속에서 마침내 지식인이라는 허울 좋은 취급만을 받기 위해서가 아니라 성경의 이해를 돕기 위해 책을 보아야 목사로서 사는 인생이 행복하다는 것을 터득하게 되었습니다.

성경을 알기 위해 마음먹고 공부하니 자유로워지더라는 겁니다. 설교할 때도 성경을 이야기하니 마음이 편해지구요. 내 말은 물론 어떤 훌륭한 사람의 말도 아닌 하나님의 말씀을 전하니 위험하지도 않고 미안하지도 않은 겁니다. 누가 무식하다고 말할지는 모르겠지만 그게 속 편하고 자신감도 생겼습니다.

사실 교회 오는 사람들이 얼마나 다양한지 모릅니다. 자기 분야에서는 그런대로 지식이 있고 까딱 잘못 말했다간 어느 누구에게 무식하다는 말을 들을지도 모르잖아요. 그러나 대부분 사람들은 성경을 잘 모른답니다. 혹 알고 있더라도 자신보다는 목사님이 더 잘 알 거라고 생각하지요. 그래서 교회에서 목사로부터 성경 이야기를 듣는 것을 당연하게 생각하기에 성경을 말할 때는 누구도 시비를 걸지 못하지요.

성경을 말하는 사람으로 살고 싶습니다. 제 직업이 목사인데 목사는 성경을 말하는 사람이기 때문입니다. 다른 거 모른다고 주께서 뭐라고 안 하실 겁니다. 그런데 성경을 모르면서 목회 한다면 목사로 부르신 주님이 얼마나 한심하게 생각하실까 하는 생각이 드네요. 아니 성도들도 성경을 모르는 목사라는 걸 안다면 얼마나 비웃을까 하는 생각이 듭니다. 성경을 모르면 주님에게도 성도에게도 찬 밥 신세라는 걸 깨달았답니다.

성경만을 살아계신 하나님의 말씀으로 증거하려고 열심을 냅니다만 왜 그리 성경을 모르고 있는지요. 성경이 왜 그리 어려운지 모르겠습니다. 정말 어려운 수학 문제보다 더 어려운 게 성경이라는 걸 알아갈 뿐입니다. 그런 수준으로 목회를 하는 제 모습이 한심하고 답답할 뿐입니다. 성경 공부 열심히 하겠다고 다짐하고 노력하며 지낸 햇수도 제법 오래 된 것 같은데 책상에 앉으면 지금 막 시작한 사람처럼 모르고 있는 것이 너무 많다는 느낌뿐이니 미칠 것 같습니다. 주님이 부르실 그 날이 성큼성큼 다가오고 있는데 성경을 이렇게도 모르고 주님께 갈 거라고 생각하니 숨이 막히는 것 같습니다.

성경 안에 모든 진리가 있다고 말하는 목사가 아니라 성경 안에 진리가 있음을 인정하는 목사이고 싶습니다. 성경 안에 진리가 있음을 알고 믿고 실천하는 목사이고 싶습니다. 목회자 사이에서도 많은 책을 가지고 있다든지 책을 많이 읽은 목사가 괜찮은 목사라고 인정을 받는 것보다는, 성경을 구석구석 잘 알고 성경을 정말 사랑하며 성경의 의미를 잘 전달하는 목사가 진정 괜찮은 목사라는 평가를 받으면 좋겠습니다. 법관이 육법(六法)전서를 구석구석 잘 알고 있는 것처럼, 자동차 정비공이 자동차에 대해선 빠삭하게 잘 알고 있는 것처럼, 군인이 군사지식에는 정통한 것처럼… 목사님들은 성경 66권 어디라도 구석구석 잘 알고 있는 분들이면 정말 좋겠습니다.

오늘도 그것 때문에 몸부림쳐 봅니다. 하나님이 도와주시길 바라면서 말입니다.

그리심 신학서적 저(역)서 안내

기독교교육의 기초

The Cause of Christian Education

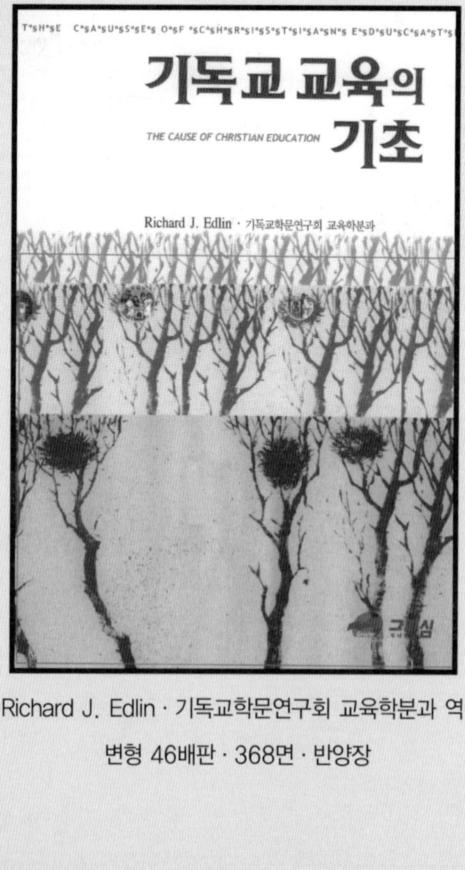

Richard J. Edlin · 기독교학문연구회 교육학분과 역

변형 46배판 · 368면 · 반양장

by Richard J. Edlin · 기독교학문연구회 교육학분과 역

이 책은 Richard J. Edlin 박사의 *The Cause of Christian Education*(제 3판)을 우리말로 옮긴 것이다. 저자는 뉴질란드 태생으로 현재 호주에서 기독교교육연구원(National Institute for Christian Education)에서 기독교 교육 대학원 석사과정을 개설 · 운영하고 계시며, 기독교 부모 통제학교(Christian Parent Controlled Schools Ltd.) 교육 책임자로 사역하고 계신다. 그동안 선교사 자녀 학교를 포함하여 기독교 및 공립학교와 대학에서 오랫동안 가르치고 행정적인 책임을 맡은 바 있다.

이 책에는 저자의 오랜 기간동안 기독교 교육사역의 경험을 통해 얻어진 풍부한 영성과 교육철학이 짙게 배어 있다. 그는 모든 삶은 '종교적'이라고 말한다. 여기에서 물론 교육도 예외가 아니다. 다시 말하면, 기독교학교에서 가르치고 배우는 일은 즐거운 종교적 활동이다. 이 책의 제목이 말해주듯이, 왜 기독교학교이어야 하는가하는 질문으로부터 이야기를 시작한다. 이어서 교육에 있어서의 중립성 신화, 기독교학교에 있어서 성경의 위치, 그리고 통합성과 비전에 대한 소개를 통해 기독교학교의 토대를 제시하고 있다. 또한 기독교 교육이 어떻게 이루어져야하는지 책임과 관계성, 멘토링, 커리큘럼, 평가와 자료선택 방법을 친절하게 안내하고 있다. 마지막 두 장은 선교지로서의 기독교학교와 공립학교에서 가르치는 기독교 교사의 역할에 대해 할애하고 있다.

이 책은 교육을 기독교적 관점에서 해석하고 구체적인 현장에 적용하는데 관심을 가진 분들에게 도움을 줄 것으로 의심하지 않는다. 특히 기독교 학교는 물론 공립학교에서 가르치는 교사와 행정가, 교회의 교회교육 사역자, 그리고 자녀를 기독교적으로 양육하는데 관심을 가진 홈스쿨 학부모들에게도 크게 도움이 될 것이다. 기독교 교사양성이나 훈련 기관이 제대로 갖추어지지 않고, 기독교 교육자료가 빈약한 우리나라의 현실을 감안한다면, 이 책은 여러 사람들로부터 호응을 얻을 수 있으리라 확신한다.